JN110741

倒産から逆転No.1となった映画会社の知られざる秘密

MARVEL

マーベル

THE MARVEL STUDIOS STORY

CHARLIE WETZEL , STEPHANIE WETZEL

チャーリー・ウェッツェル
ステファニー・ウェッツェル
上杉隼人＝訳

すばる舎

THE MARVEL STUDIOS STORY
PROLOGUE

プロローグ

マーベル・スタジオはどうやって成功したか？

その物語を知るにはどこから語りはじめるのがいいだろうか？

多くの人はスタン・リーをまず思い浮かべるだろう。確かにあの老人は『アベンジャーズ／エンドゲーム』（2019）まですべてのマーベル映画にカメオ出演した個性的な人物だったし、2018年11月12日に彼が亡くなったというニュースが流れたときは多くの映画ファンが悲しんだ。リーは単なる愉快なお年寄りではなく、80年以上マーベルに関わってきた同社になくてはならない存在だった。

ハリウッドでは大きなニュースにならなかったが、1981年にマーベル・プロダクション

が設立されたことから話をはじめるのがいいと思う人もいるだろう。２００８年に制作されたマーベル・スタジオの最初の映画『アイアンマン』から話をはじめるのはどうか？

誰もあの映画が大ヒットするとは思っていなかったし、映画の構想は20年以上ハリウッドで棚上げにされていた。脚本家もいなければ、主役のロバート・ダウニー・ジュニアは問題を抱えてもいた。大掛かりなスーパーヒーローを手掛けた監督もいなければ、制作の資金繰りにも苦労した。だが、それは大ヒットした。

もしマーベルがどうして成功したか本当に知りたければ、マーベルのコミックスを知る必要がある。マーベルのコミックスを理解すれば、マーベルがいつどのようにはじまったかわかる。マーベルの成功はスーパーヒーローではなく、ブルックリンの貧しい少年が起こした。時代が20世紀に入ってまもなく、マーティン・グッドマンがマーベル社を創設したことに端を発する。

スーパーヒーローが何人も登場し、膨大な数のキャラクターがあふれ、キャラクター同士がおたがいの世界でぶつかり合い、アーティストも業界人も力をあわせて会社のビジネスを発展させる。こうしたマーベル・スタジオの特色の多くは、すべてグッドマンが会社を創設したそのときからはじまったのだ。

だからここから話をはじめよう。

MARVEL
倒産から逆転 No.1となった映画会社の知られざる秘密

【目次】

CHAPTER 2 新しいヒーローを求めて 042

CHAPTER 3 止まらない経営危機

CHAPTER 4 ついにハリウッドへ 110

CHAPTER 5 アイアンマンにすべてを賭ける

CHAPTER 6 アベンジャーズ、アッセンブル！ 180

Assemble!

1939
フランク・トーピーがマーティン・グッドマンを説得し、
「マーベル・コミック」が創刊される。

1941
スタン・リーがタイムリー・コミックス社の編集長に就任する。

1944
リパブリック・ピクチャーズが制作した連作映画にキャプテン・アメリカが登場。

1972
リーが社長となり編集長をロイ・トーマスが引き継ぐ。

1961
グッドマンがリーにヒーローのグループを作るように依頼。リーとジャック・カービーは「ファンタスティック・フォー」を考案する。

1974
リーは社長を辞任するものの、会社には残留する。

1981
「マーベル・プロダクション」がロサンゼルスに設立される。

1986
「マーベル・エンターテインメント・グループ」が設立。

1991
マーベルが株式を公開。上場を果たす。

1993
アヴィ・アラッドCEOのもと、
「マーベル・フィルム」が設立される。

2019
ディズニーが20世紀フォックスを買収。

2015
ディズニーがマーベル・グループを再編成。

2012
マーベル映画のディズニーによる配給がはじまる。

2009
ディズニーがマーベルを42.4億ドルで買収。

2006
アヴィ・アラッドがマーベル・スタジオの会長並びにCEOと、マーベル・エンターテインメントのチーフ・クリエイティブ・オフィサーを退任。

2005
マーベルが「アイアンマン」の権利の再獲得に成功する。

2002
リーが「マーベル・エンタープライズ」と「マーベル・キャラクターズ」を相手に1000万ドルを求め提訴。

1998
マーベル株がニューヨーク証券取引所で上場廃止となる。

1996
マーベル・グループが破産を申請する。

1995
マーベルが赤字に次ぐ赤字を計上。

すべては1軒の家からはじまった

"I'm just a kid from Brooklyn."

——**CAPTAIN AMERICA**

(*Captain America:The First Avenger,* 2012)

僕はただのブルックリンのガキだ。

——キャプテン・アメリカ

(『キャプテン・アメリカ／ザ・ファースト・アベンジャー』[2011])

ブルックリンのグッドマン少年

マーティン・グッドマン[※1]の本名はモー・グッドマン。

彼は1908年にリトアニアの両親のもとに生を受けた。

当時リトアニアはロシアの支配下にあり、多くのユダヤ系の人々と同様、グッドマン家の人たちももっとよい生活を求めてアメリカに渡った。父アイザックは仕立屋として家族を養い、母アンナはアイザックとともにモーのほか14人の子供たちを育て上げた。

マーティン・グッドマンは出版人になる運命にあった。家族によると、子供の頃から気に入った話や記事を切り取って雑誌のようにしてまとめていたという。当時新聞や雑誌は最盛期を迎えていて、街にはニューススタンドが何軒も立ち並んでいた。

ニューススタンドは小さなものから大きなものまで無数にあった。電話ボックスのようなところでも、ビルの壁に面した小さなスペースでも、1軒の販売所でも、煙草屋の片隅でも販売されていた。ビルが1棟丸ごと販売所になっているところもあり、窓がたくさんついたその館内には小さなカウンターがあちこちにあって、それぞれ売り子がついていた。どこでも新聞が売られていたのだ。

1903年、ニューヨークの歩道沿いのニューススタンドの様子。1950年代に最盛期を迎えたが、タバコの値上げやテレビやラジオの発達により衰退。（写真：Everett Collection/アフロ）

当時ニューヨークのような大都市には何種類も新聞があった。

ブルックリンだけで少なくとも5種類はあった。朝刊も夕刊もあったし、イディッシュ語や中国語や、日本語やポーランド語の新聞もあった。

１９００年にはアメリカ全土で２２００以上の新聞があったと言われる。

だが、こうした**ニューススタンドで人々の目を引きつけたのは雑誌だ。**

どの店も雑誌をいたるところに展示していた。小さなスタンドで20タイトルくらい、大きなところでは数百タイトルは置かれてあった。売場に壁が築かれ、天井近くまで積み上げられ、カウンターやラックの上にもずらっと並べられていた。

雑誌の色鮮やかなカバーは広告板のような役割を果たし、訪れる客の購買意欲をそそった。「カウンターの下」には普通は展示しない下品な絵柄のものも密かに忍ばせてあった。

毎日学校に通いながら、街のあちこちのニューススタンドをのぞいてマーティン・グッドマンが気づいたのは、雑誌は大きく2種類に分けられるということだった。

ひとつは『マクルーアズ』『タイム』『ハーパーズ・ウィークリー』『コスモポリタン』『サタデー・イーブニング・ポスト』といった高級雑誌だ。

もうひとつは新聞と同じような安いパルプ紙に印刷され、お金をかけずに作られたと思われるものだ。こうした安作りの雑誌には短篇小説や連載もののフィクションのほか、西部劇やホラー、ミステリー、サスペンス、アドベンチャー、SF関連の小説が収録されていた。

パルプ・マガジンにひとつ共通していたのは、カバーがどれも刺激的だったことだ。たいてい高級誌のカバーよりもカラフルで目を引いた。収録されているストーリーが何であれ、パルプ・マガジンのカバーは危険な状況にあるキャラクターたちや、肌を露出したセクシーな女性たちが描かれたものがほとんどだった。のちにブームとなるコミックのカバーとほとんど変わらなかった。

こうしたパルプ・マガジンの人気はどんどん高まり、毎月120タイトル以上が、全米7000軒のニューススタンド、1万8000軒の煙草屋、5万8000軒のドラッグストアで販売されるまでになった。クエンティン・タランティーノ[※2]が代表作『パルプ・フィクション[※3]』（１９９４）のタイトルをどこから思いついたか、これでおわかりだと思う。

雑誌はビジネスの道具に過ぎない

グッドマンは１９２４年に16歳で学校を中退し、列車に飛び乗ってアメリカ全土を旅してまわった。ここから出版人としての人生がはじまる。列車であちこちに移動し、野宿して過ごし、腹が減れば焚火で豆を焼いて食べた。

「マーティンはあらゆる町を知っていたから、どこに行けばものが買えるかもわかっていた」とグッドマンの顧問弁護人で友人でもあったジェリー・ペルレスは言う。

「知らない町はなかったんじゃないかな。この国のことはみんな知ってたよ。これがのちに雑誌を発刊するうえですごく役に立ったんだ」

旅からニューヨークに戻った１９２９年、グッドマンは出版関連会社イースタン・ディストゥリービューティング・カンパニーの書類整理係の職を得た。その年に株式市場が大暴落して世界恐慌に陥ったが、職を失うことなく仕事がつづけられて、出版ビジネスを学んだ。

精力的に仕事をこなした結果、流通部の責任者に昇りつめた。だが会社は手を広げ過ぎたことで1932年に倒産、グッドマンは関連会社と契約を結ぶが、長つづきしなかった。

そこで1934年、26歳のときに自身のパルプ系出版会社、ニュースタンド・アンド・パブリケーションズを興した。

グッドマンは雑誌は好きだったが、中身にこだわることはなかった。人に何かを教えたり、啓発したり、楽しませたいとは思わなかったのだ。インタビューでも答えている。

「読者はクオリティを求めない」

では、どうしてこの仕事をはじめたのか？　自分で会社を経営して、いい暮らしをして、家族を養いたかったからだ。雑誌はその手段でしかなかった。とにかく人が買いたいと思うものを作りたかったのだ。

では、どうやって売れるものを探し出したのか？

流行を追ったのだ。街のニューススタンドでよく売れている雑誌をチェックした。同業者にも頻繁に会って彼らがしようとしていることを聞き出した。そのために同業者とゴルフをしたり、友人や競合会社の人と昼食をともにしたりした。彼らが何をしようとしているか自慢げに話すことに耳を傾け、聞き出そうとしたのだ。

そのあと社に戻り、彼らから聞き出したことを元に新たな雑誌を作り上げた。これが流行すると感じたら、ただちにそれをつかみ取ったのだ。

たとえばローン・レンジャー[※4]が人気者になると、『マスクド・レイダー』という雑誌を発刊した。ターザンが大きな話題になれば、アフリカのジャングルで（ターザンのように猿ではなく）ライオンによって育てられた少年の活躍を描く『カイ・ザー・ザ・グレート』を創刊した。

西部劇ものが売れれば、それ関連の雑誌を作った。刊行した雑誌がよく売れれば、同じテーマの雑誌をさらに作った。こんなふうにして、一時は9タイトルものパルプ・マガジンを刊行することになった。

グッドマンの考え方は１９３７年1月に発行された『ライブラリー・ダイジェスト』に掲載されたコメントに集約されている。

「ひとつの雑誌がうまくいけば、もう何冊か作るんだ。それで利益が出る」

財務上のリスクを最小限に抑えるために、グッドマンは各雑誌の発刊会社を、帳簿上だけだが、新たに数社設立した。

そしてニュースタンド・アンド・パブリケーションズほか、ウエスタン・フィクション、レッド・サークル、マンヴィスといった会社を傘下に置いた。これによって税金を低く抑えることができたのだ。売上のよくない雑誌を刊行する会社はただちに畳めばよかったし、それで各方面の訴訟から逃れることもできた。その結果、認識してもらえる雑誌を確立するには何年も待たなければならなかった。

グッドマンはふたつの分野に着目した。

ひとつは市場の動向であり、これによってどんなものを出版すればいいか判断した。

もうひとつは売上額だ。どの雑誌が売れているか、これを見れば一目瞭然だ。新しい雑誌の発刊を決めて売上を確認するまでのあいだの作業は重要ではなかった。すべて編集者に任せればいい。何かに創造的なエネルギーを注いだとすれば、アーティスト（絵描き）に発破をかけて、読者の目を引いてよく売れると思われるカバーの絵を描かせようとしたことだけだ。

それが売れなければ廃刊にして、新しい雑誌を立ち上げた。

マーベル・コミックの創刊

みなさんは思われるかもしれない。

コミックとは何か？

グッドマンはいつからその出版をはじめたのか？

グッドマンは1939年からコミックの出版を開始した。それまでは売れると思う雑誌を次々に発刊してよい生活を築いていた。前年、1938年には27種類のパルプ・マガジンを刊行し、出版点数はすべてあわせて87タイトルにおよんだ。

ある日、友人でファニーズ社という会社の営業部にいたフランク・トーピーの訪問を受けた。まだ当時は新しかったコミックを出版刊行しようと持ち掛けられたのだ。

カラー連載漫画（コミック・ストリップ）は1890年代からあった。

1929年にはターザンやバック・ロジャースといったパルプ・フィクションのキャラクターが新聞の連載漫画に登場した。だが、カラー連載漫画だけを集めたコミックが最初に刊行されたのは1935年で、その後1938年にスーパーマン[※5]が『アクション・コミック』第1号に登場したことで人気に火が点いた。

コミックの最初のスーパーヒーロー、スーパーマンは大変な人気者となり、『アクション・コミック』20万部は毎号完売した。翌年1939年には、バットマンが『ディテクティブ・コミック』第27号に登場する。

フランク・トーピーは簡単にできることからはじめようと提案し、すでに存在するコンテンツをグッドマンに提供した。グッドマンはすでに出版されたイラストつきのストーリーを買い上げて、それをコミックにして出版すればいい。グッドマンはそれに乗り、いつもと同じことをした。別会社を立ち上げて、雑誌の形で新たにコミックを刊行するのだ。

こうして設立されたのがタイムリー・コミックス社で、そこから出版されたグッドマンの初のコミックが『マーベル・コミック』（10月号）だ。この『マーベル・コミック』はすぐに新聞や雑誌と並べられて販売された。

トーピーがグッドマンに用意したコンテンツに、ふたりのスーパーヒーローのストーリーがあった。

サブマリナー（ネイモア・ザ・サブマリナー）とヒューマン・トーチが活躍するものだ。サブマリナーは超人的能力を備えた水棲人類の王国アトランティスの王子で、基本的に水中で生活するが、空も飛べる。アンドロイドのヒューマン・トーチは犯罪者をこらしめるために立ち上がる。

主役以外のキャラクターにスパイダーマンのようにコスチュームを着たヒーロー探偵エンジェルもいたし、グッドマンはさらに自分のパルプ・マガジンからカイ・ザー[※6]も4番目のキャラクターとして加えることを希望した。フランク・トーピーが勤務するファニーズ社はこれに応えて、初期のカイ・ザーのパルプ・ストーリーを用意した。

グッドマンは、こうして作り上げた最初のコミックは十分市場に受け入れてもらえると見て8万部印刷した。予想通り即完売した。そこで11月に80万部増刷した。

驚いたことに、こちらもたちまち売り切れた！

グッドマンは金鉱を探り当てたのだ。ファニーズ社の社員の協力も得て、ただちに第2号（12月号）の制作にかかり、誌名も『マーベル・コミック』から『マーベル・ミステリー・コミック』に変更した。

結果だけ見せてくれ

グッドマンはビジネスパーソンとして非常に有能であったから、**コミックでも何をすべきかわかっていた。**

パルプ・マガジンでしたのと同じことをしたのだ。26歳のアニメーション・アーティストでライターのジョー・サイモン[※7]をファニーズ社から引き抜き、タイムリー・コミックス社に編集者として迎えた。以前に一緒に仕事をしたジャック・カービー[※8]も雇用した。

タイムリー社はただちにコミックの量産体制に入った。1940年には『マーベル・ミステリー・コミックス』(12冊)の刊行点数を増やしたのに加えて、『ダーリング・ミステリー・コミックス』(6冊)、『ミスティック・コミックス』(4冊)、『ヒューマン・トーチ』(2冊)、『レッド・レイヴン・コミックス』(1冊)を続々と出版した。

パルプ・マガジンを手掛けていたとき、グッドマンがこだわったことがふたつあった。

表向きは流行を追うが、裏で売上も見ておかなければならない。

自分のもとで働いてくれるアーティストやライターには常に流行をチェックし、多くのコンテンツを作り出すように求めた。新しいキャラクターと彼らが活躍するストーリーが受け入れられれば、雑誌は生き残れる。それができなければ、即廃刊だ。

だが、グッドマンがコンテンツの制作過程に口を挟むことはなかった。あらゆる意味で彼は典型的ビジネス・リーダーであり、口癖は、「どれだけやってるかは言わなくていい。結果だけ見せてくれ」だった。

商品がたくさん市場に出ていることがわかればよかったのだ。おかげでマーベルは何年ものちに人々のあいだに名前が浸透し、価値ある企業となる。無数のキャラクターを知的財産として所有することになるからだ。今日、マーベルの主要キャラクターの数は7000以上に膨れ上がっていると思われる。サブ・キャラクターも入れれば、6万以上生み出しているだろう。永遠のライバルDCの6倍以上のキャラクターを保有しているのだ。

マーベル・コミックはファニーズ社にいたカール・バーゴス[※9]とビル・エヴェレット[※10]によって作り上げられたといえる。実際、ライターでありアーティストであったバーゴスとエヴェレットのふたりが、ヒューマン・トーチとサブマリナーを生み出した。タイムリー社のこの最初のキャラクターたちはのちのマーベル・キャラクターの原型となった。

典型的なスーパーヒーローであるスーパーマンとは異なる特質を備えていたのだ。スーパーマンは常に完全無欠のヒーローであるが、ヒューマン・トーチとサブマリナーは欠点もある。ヒューマン・トーチは世の中のことがわからず、最初は無法者だった。サブマリナーは短気で挑発的だった。このようにマーベルの多くのスーパーヒーローは**最初から完璧ではなく、心に葛藤も抱え、複雑な一面も秘めている。**

のちのマーベル・コミックの代名詞ともなるもうひとつの特徴も、タイムリー・コミックス社の創業年にすでに見られていた。

１９４０年6月に刊行された『マーベル・ミステリー・コミックス』第8号において、同じひとつのストーリーに、ヒューマン・トーチとサブマリナーが一緒に出てくるのだ。今はそれほど驚くことではないが、当時のコミックにおいては考えられないことだった。その証拠にライバルDC社でバットマンとスーパーマンの競演が見られるのは、12年後の１９５２年だ。

キャプテン・アメリカで起死回生

ひとつだけ、タイムリー・コミックス社には欠けているものがあった。スーパーマンのような絶対的なスーパーヒーローの存在だ。

ジョー・サイモンとジャック・カービーは１９４０年末にこの問題に手をつけた。サイモンはグッドマンに1枚の新しいスーパーヒーローのスケッチを送った。カービーとともに作り上げたキャプテン・アメリカ[※11]のスケッチだ。

キャプテン・アメリカ。

このキャラクターにグッドマンはすぐに惹きつけられた。流行を鼻で嗅ぎ分けるグッドマンは、**キャプテン・アメリカがスーパーマンに対抗できるスーパーヒーローになる**と直感した。ただちにいつものようにキャラクターの所有権を買い取ろうと申し出たが、サイモンとカービーが拒んだ。交渉の末、ふたりはコミックのページ割の制作料に加えて、キャプテン・アメリカのキャラクター使用による収益の25パーセントを得ることで合意した。

契約が成立すると、グッドマンはただちに新しいコミックの作成にかかるように命じた。こうして『キャプテン・アメリカ・コミックス』の制作が開始された。

『キャプテン・アメリカ・コミックス』第1号は1940年12月、カバーに「1941年3月号」と記されて売り出された。

なぜ「3月」?

パルプ・マガジンとコミック業界の習慣にしたがったのだ。カバーに記される年月はニューススタンドに置かれる月ではなく、ニューススタンドから下げられる月を示している。大体刊行月の3か月後に店頭から回収された。

キャプテン・アメリカはまさしく起死回生の一撃となった。

「第1号からミリオンセラーに近いものになったし、毎月そんな調子だった」とサイモンは

『キャプテン・アメリカ・コミックス 』第145号のカバー。主人公の相棒として活躍するファルコンことサミュエル・ウィルソンは第115号から登場した（写真：Photofest/アフロ）

言う。

ここから判断すると、当時『キャプテン・アメリカ・コミックス』は『タイム』誌よりも多くの人たちに読まれていたことになる。

キャプテン・アメリカはＤＣのスーパーマンやバットマンとセールスで肩を並べたのだ。

１９４０年の末までタイムリー・コミックスは順風満帆に思えたが、実はその数か月前にもうひとつ重要なことが起こっていた。

１９４０年11月に、ジョー・サイモンが痩せこけたティーンエイジャーを週８ドルでアルバイトに雇っていたのだ。

そのときはそのティーンエイジャーも、

グッドマンも、サイモンも、カービーも、それがどれだけ重要なことであるか、誰もわかっていなかった。だが、そこで彼らは**この先75年間、マーベルの顔として活躍する重要人物を手に入れていた**のだ。

アルバイトの名はスタン・リー

スタンリー・リーバー[※12]は1940年11月、タイムリー・コミックス社にやってきた。痩せこけているが、180センチを超える長身で、なかなかハンサムな17歳のティーンエイジャーだった。ルーマニア系移民の両親は大恐慌を懸命に働いて乗り切り、息子スタンリーにも身を粉にして働くことを求めた。学校の勉強もちゃんとして、当時はめずらしいことでなかったが、飛び級でなるべく早く卒業して、定職に就いて家計を助けてほしかったのだ。

子供の頃、リーバーはライターになることを夢見て、新聞社のアルバイトとして有名人が亡くなったときにすぐに使える死亡記事の下書き原稿を書いていた。だが、生きている人を死んでいるように書く仕事にすぐに嫌気がさした。

リーバーによると、そんなときに「親戚のロビー・ソロモンが勤務先の出版社に仕事があるかもしれないと言ってくれた」という。

リーバーは「出版社で働けることにすごく魅力を感じた」。

というか、少年は実はその出版社の社長グッドマンを知っていたのだ。なぜなら、グッドマンは自分の叔父だったのだ。だが、グッドマンはスタンリー・リーバー少年を雇ったなどと一切聞いていなかったから驚いた。自分のオフィスで甥を初めて見たときは、「おまえ、ここで何している?」とたずねたほどだ。

グッドマンの出版社はどこも忙しかったから、リーバーは小間使いとして何でもした。床を拭いたり、コーヒーやランチを配ったり、着彩した下絵から鉛筆の下書きを消したり、セリフのチェックもしたりした。

だが、リーバーはたちまち上司のジョー・サイモンの信頼を得た。

「あるときセリフを見ていて、『これはちょっと変な言い方ですね。こうしたほうがいいんじゃないでしょうか?』と言ったら、『よし、直せ』と言ってもらったよ」とリーバーは思い出す。

まもなくリーバーは書く仕事※13を与えられた。絵が入らない埋め草ストーリー「キャプテン・アメリカ、反逆者を返り討ち」を書くのだ。数年後にリーバーは言っているが、「スタンリー・リーバー」の名前は偉大なるアメリカ小説を書いたときにとっておき、代わりに「スタン・リー」の名前を使うことにした。

その後の人生において、彼はこのスタン・リーの名前で知られることになる。

少年編集長の誕生

1941年、マーティン・グッドマンは自社の方向性を大きく変えた。パルプ・マガジンからコミックの量産にシフトしたのだ。これによって編集者たちは人手が足りないのにストーリーを考えることからはじめなければならず、小編集部の彼らの仕事は激務を極めた。※14 コミック編集部の仕事は増える一方で、スタン・リーもますます仕事を抱えることになった。

サイモンも変わらず精力的にストーリーを書いて編集してアニメーション制作に力を注いだ。アート・ディレクターの肩書を得たカービーも取り憑かれたように絵を描いた。外部のフリーのアーティストやライターも雇い、アーティストのシド・ショアズ※15にも仕事を頼んだ。

そしてスタン・リーはひたすら書いた。グッドマンの会社のどこかから毎月コミックが出版されたし、3冊同時に刊行というようなこともあった。

こういった仕事の進め方は尋常ではなく、ついにグッドマンと制作部門を代表するサイモンとカービーのあいだに亀裂が走った。

ふたりのアーティストが喧嘩別れする形で自分のもとを離れていくと、グッドマンは誰もが驚くような決断を下した。1年足らずの経験しかない**ティーンエイジャーのスタン・リーをタイムリー・コミックス社の編集長に抜擢したのだ。**リーにとっても青天の霹靂（へきれき）だった。

「叔父は誰かいい人が見つかるまでのアルバイトとして僕を雇ってくれたんだ」とリーは思い出す。

だが、マーティン・グッドマンはこの甥を手放さなかった。

「まだ子供だったよ」とタイムリー社のアーティスト、ヴィンセント・ファーゴ[※16]はリーについてまずそう言っている。

「彼にとってストーリーを書くのは話すことと同じだったし、話すのがほんとに好きだった。普通のやり方はまるでしなかったけど、みんなに愛されていた」

ファーゴによると、リーは1ページ書いたら、外部のフリーのアーティストに電話して、今から自分が話すことを書きとってくれるように頼んだという。また書いて、また電話して、そうやってひとつのストーリーを最後まで全部話して伝えたのだ。そして常にいくつかのストーリーを同時に手掛けていた。

「大体3人か4人と一緒に仕事していて、それぞれに違うストーリーを伝えていたんだ。すごい仕事ぶりだった」

第二次大戦の開戦とともにリーも入隊したが、戦場からグッドマンにストーリーを送りつづけた。そして戦争が終わるとニューヨークに戻り、ふたたびタイムリー・コミックスの編集長として辣腕を振るった。

まわるタイムリー社の両輪

21歳で兵役を解かれて職場に戻ったリーは、押しも押されもせぬ経験豊富なコミックの編集者になっていた。20人ものアーティストを抱える編集部を仕切り、「ブルペン[※17]」と呼ばれる大部屋でスタッフと意見を交換し、ストーリーについて話し合い、もちろんニューヨークのふたつの野球チーム、ヤンキースとドジャースについて熱く語り合った。

リーは仕事を与えることでアーティストたちにやりがいを感じてもらい、コミックの制作が支障なく動くようにした。もちろん自分でも書いた。新しいキャラクターを思いついたり、ストーリーを考えたり、会話を書いたりと、創作過程に加わりつづけた。これが機械のように働く彼の燃料であったが、こんなふうに働きつづけていると、自分はどこかに行ってしまうのではないかと不安になることもあった。

グッドマンがビジネスマンとして商品を売り出す役割を担い、現場のアーティストたちや編集部を管理するリーと距離を置いていたことで、うまくいっていたことがひとつある。

「マーティン・グッドマンは決してアーティストたちの仕事に口出ししなかった」と１９４０年代にタイムリー社で活躍したアーティストのひとりアレン・ベルマン[※18]は言う。

同じく40年代から50年代にマーベルに在籍したスタン・ゴールドバーグ[※19]も言う。

「マーティンは全部スタンに任せていたよ。スタンはマーティンの承認を得ればよかったんで。でも、それはそうだけど……実際マーティンの姿を見ることはほとんどなかったよ。スタンの部屋にも行ってなかったんじゃないかな。僕らのブルペンでも見たことがなかったし」

グッドマンはこの体制に満足していたし、それにしたがって日常を過ごした。

会社には毎日通っていたが、社内にいるときはほとんどスクラブル（2〜4人で行う単語つづり合わせゲーム）をしていた。午後になると、オフィスのソファで昼寝をした。よくゴルフにも出かけた。ゴルフが好きだったこともあるが、一緒にコースをまわる人たちから出版界の情報をつかんでおこうとしたのだ。

今は知的所有物の制作者は自分が作り出したものに対する権利を主張し、管理しようとする。だが、当時ほとんどのアーティストやライターはそれを手放していた。大恐慌をどうにか切り抜けた彼らは、リーと同じく当座の収入を得ることしか頭になかったのだ。

「僕もみんなも自分の作品の権利はどうなっているのかなんて考えたこともなかった。もし考えていたら、僕は今頃大金持ちになっていただろうね。社長が全財産をはたいてくれていると感じていたし、僕は社長のために働いて給料をもらうのだから、自分が作り上げたものは全部社長のものだとずっと思っていた。あの時代はみんなそう思っていた。そして僕はずっとよくしてもらっていたし、給料もたくさんもらっていた。ビジネスのことなんて考えてなかったんだ」

グッドマンとリーは終戦から40年代、50年代、60年代まで、この体制を維持した。どの時代にもそれぞれの流れがあった。スーパーヒーローは40年代に人気に陰りが見えだし、タイムリー社の最強のヒーロー、キャプテン・アメリカのコミックシリーズも1950年に打ち止めとなった。

タイムリー社は少女向けのコミックをもっと出すようにした。朝鮮戦争の勃発によって戦争もののコミックが人気を集めた。SFやホラーものにも多くの読者がついた。

暗黒時代とリーのスランプ

1950年代に精神科医のフレデリック・ワーサム[※20]が『サタデー・レビュー・オブ・リテラチャー』にコミックは子供たちに悪い影響を与え、未成年を非行に走らせるといった記事を書いたことで、コミックは批判にさらされた。

ワーサムは1954年に発表した『無垢の誘惑』(*Seduction of the Innocent*)という著作でコミックに対する攻撃をさらに強め、ホラーや犯罪や戦争を描くものを特に強く批判した。その結果、コミックに対する公聴会まで開かれた。

コミックを刊行する出版社は1930年代に映画会社が導入したヘイズ・コード[※21]にならって題材や表現に制限をかけたものの、人気は凋落した。

グッドマンのコミック関連の売上は1953年にはひと月に1500万ドルあったが、1955年には460万ドルまで落ち込んだ。生き残るにはコスト削減をはかり、出版点数を激減させるしかない。そしてある時点でグッドマンはリーに全スタッフの解雇を命じた。

その結果、**社員としてはリーのみが残った。**

「ほんとに大変だったよ」とリーは当時を思い出す。

「みんな一緒に働いてくれていたし、あの人たちの家族も知っている。なのに、僕はあの人たちを辞めさせなければならなかった。グッドマンがどうして僕を残したのかわからない。きっとまたチャンスが訪れるから、コミックをすべて捨ててしまうのは惜しいと思ったのかもしれない」

グッドマンの会社は出版点数を数点に抑え込み、もはやどれも話題になることはなかった。

リーは自分が書くものに自信が持てなくなった。この仕事を辞めたほうがいいとすら思いはじめた。

「僕はどうなってしまったんだ。簡単な言葉しか使えないし、複雑なストーリーも書けない。善玉と悪玉を書き分けるだけだ。そんなの嫌だ」

退社も考えた。そうなっていれば、マーベルははじまる前に終わっていただろう。

だが、何かが起こった。

のちにマーベルの宇宙に大爆発を引き起こす火花が発したのだ。

スタン・リーはその火花に賭けてみることにした。

それをしなければ、グッドマンのコミック編集部はひっそりと閉鎖されていたことだろう。そうなっていれば、世界一人気のある偉大なマーベルのキャラクターたちも生まれてこなかっただろうし、マーベル・スタジオも存在していなかっただろう。

※1　マーティン・グッドマン（1908～1992）リトアニア系移民の子でユダヤ系。パルプ・マガジン全盛期である1934年に出版社を起業。1939年10月にタイムリー・コミックス社を立ち上げ、『マーベル・コミックス』を創刊した。

※2 クエンティン・タランティーノ（1963～　）
映画マニアの母親と映画を見て育ち、高校中退後はビデオショップの店員だった。1992年『レザボア・ドッグス』で映画監督としてデビュー。1994年の監督2作目『パルプ・フィクション』でカンヌ国際映画祭のパルム・ドールに輝き、アカデミー賞脚本賞も受賞した。

※3 パルプ・フィクション（1994）
800万ドルという低予算で制作された犯罪映画。1994年に公開され、2億ドルの興行収入を稼ぎ出した。原義は安価で低質な紙を用いたパルプ・マガジンに収載される下品なB級ミステリーのこと。

※4 ローン・レンジャー
ラジオドラマ隆盛期である1933年に放送が開始され、大人気となった西部劇。黒いマスクをつけて白馬シルバーに跨る主人公ローン・レンジャーの造形は、その後のコミック化により創造されたもの。

※5 スーパーマン
1938年にナショナル・アライド・パブリケーションズ（DCコミックス社の前身）より創刊された『アクション・コミックス』誌第1号で初登場したヒーロー。原作ジェリー・シーゲル、作画ジョー・シャスター。

※6 カイ・ザー
ジャングルで活躍するヒーロー。1930年代のパルプ・マガジンに登場。

※7 ジョー・サイモン（1913～2011）
ユダヤ系のコミック原作者、編集者。マーベル・コミックの前身タイムリー・コミックス社の初代編集長を務めた。1941年、ジャック・カービーとともにナチスの脅威に対抗する超人兵士、キャプテン・アメリカを生み出す。

※8 ジャック・カービー（1917～1994）
ユダヤ系のアーティスト。1938年に新聞漫画家としてデビュー。翌年フライシャー・スタジオに移り『ポパイ』の動画を描いた。1941年、ジョー・サイモンとコンビを組んだキャプテン・アメリカが大ヒット。戦後はスタン・リーの下でファンタスティック・フォー、X-MEN、ハルクなどのキャラクターを作り出した。

※9 カール・バーゴス（１９１６～１９８４）
ニューヨーク生まれのアーティスト。ユダヤ系。１９３９年11月に「ヒューマン・トーチ」を生み出し、初期のマーベルを支えた。

※10 ビル・エヴェレット（１９１７～１９７３）
先祖に詩人ウィリアム・ブレイクもいる名家の生まれ。富豪の父の遺言で漫画家となることを決意。１９３９年にサブマリナーを生み出す。戦後、１９６４年にはスタン・リーとデアデビルを創造。

※11 キャプテン・アメリカ
本名スティーブ・ロジャーズ。ナチズムへの義憤に駆られ、軍の「超人兵士計画」に志願して「キャプテン・アメリカ」になったという設定。１９４１年に刊行された『キャプテン・アメリカ・コミックス』第1号は数日で完売し、第2号の発行部数は１００万部を超えた。戦中は枢軸国と、戦後はアメリカ国内の犯罪者や未来人らと戦った。

※12 スタンリー・リーバー（１９２２～２０１８）
ルーマニア系ユダヤ人の家庭に生まれる。17歳でタイムリー・コミックス社に入社し、叔父のマーティン・グッドマンに重用され、18歳で編集長に就任。１９６１年から『ファンタスティック・フォー』『ハルク』『ソー』『アイアンマン』『ドクター・ストレンジ』『スパイダーマン』『X-MEN』『アベンジャーズ』などの大ヒット作の原作を担当。

※13 書く仕事
スタン・リーのこの初めての仕事は『キャプテン・アメリカ・コミックス』第3号（１９４１年5月）に掲載された。

※14 激務を極めた
パルプ・マガジンには多くのアーティストやライターによるそれぞれの作品がまとめられたが、コミックはひとつのテーマ、ストーリーを決めて、依頼を受けたアーティストとライターが描き上げるので、編集形態も異なる。

※15 シド・ショアズ（１９１４～１９７３）
ニューヨーク生まれ。学校を出てから7年間は叔父のウイスキー工場で瓶詰め作業に従事。ジョー・サイモンに見

出されてマーベルのスタッフに加わり、キャプテン・アメリカのインカー(線画家)として活躍。

※16 ヴィンセント・ファーゴ(1914~2002)
ニューヨーク生まれ。イタリア系。16歳で片方の目の視力を失う。アニメーターとしてフライシャー・スタジオで働くが、戦争翼賛アニメの制作を嫌って1942年にマーベルへ。子供向けの動物アニメを主に手掛けていた。

※17 ブルペン
当時のコミック編集部では編集者(エディター)、原作者(ライター)、漫画家(アーティスト)が明確に分業されておらず、20人ほどがひとつの大部屋で共同作業を進めていた。この大部屋を、チームワークをモットーとする野球において中継ぎ投手が肩を作る場であるブルペンになぞらえている。

※18 アレン・ベルマン(1924~2020)
ニューヨーク生まれ。1942年にタイムリー・コミックス社に入社。キャプテン・アメリカの背景担当のアーティストとして活躍。だが当時のアーティストのほとんどは匿名だったため、クレジットは存在しない。

※19 スタン・ゴールドバーグ(1932~2014)
ニューヨーク生まれ。16歳でタイムリー・コミックスに入社し、2年後には着色部門のマネージャーとなった。フリーのアーティストとしてマーベル・コミックに協力、カラリストとしてオリジナルの配色を手助けした。

※20 フレデリック・ワーサム(1895~1981)
ドイツのニュルンベルク生まれ。1927年に市民権を取得。1946年、ハーレムにラファルグ病院を開設。1954年に青少年への悪書追放運動を引き起こし、アメリカのコミック文化を大きく後退させた。

※21 ヘイズ・コード
アメリカの映画界に(1934~1968)導入されていた自主規制条項。PCA(映画制作倫理規定管理局)が検閲を行った。管理局設立当時の会長、ウィル・ヘイズの名から呼称された。現在はレイティングシステムに移行。

THE MARVEL STUDIOS STORY

新しいヒーローを求めて

"There was an idea . . .
called the Avengers Initiative."

——**NICK FURY**

(*The Avengers,* 2012)

アイデアが浮かんだ……
アベンジャーズ計画だ。

——ニック・フューリー

(『アベンジャーズ』[2012])

「親愛なる隣人」のヒーロー

1960年、スタン・リーはユーモア・コミックを5冊、ロマンス・コミックを2冊、西部劇コミックを4冊、戦争コミックを1冊、モンスター・コミックを4冊、編集・出版したが、満足できなかった。

「モンスターものをわれわれはたくさん出したが、魅力を感じなくなっていたし、読者もそうだったと思う」とリーは話している。

「もう昔ほどコミックが売れなくなっていたんだ。業界は困ったことになっていた。読者の興味を引くものが新たに出てこなくなっていたんだ。似たようなものをただ焼き直して出すだけ。これじゃあ、利益拡大は期待できないし、制作する側もフラストレーションがたまる」

リーは万策尽きた。1961年の夏のある日、コミックから完全に手を引き、グッドマンの会社を離れようと決意した。

「長くい過ぎた。潮時だと思ったんだ。ストーリーを書く仕事は何らかの形でつづけられるだろうし」

その日の午後、グッドマン社長に退社の意志を伝えに行くことにした。リーが腹を決めて社長の部屋に向かおうとすると、社長がリーの部屋にやって来て、口を開いた。

「スタン、ジャスティス・リーグのようなスーパーヒーロー・チームを作り出せないか？」

グッドマンはナショナル・コミックス社の人たちとゴルフをしてきたところだった。

いつものように同業者たちから業界の動きを聞き出して、ナショナル・コミックス社の人たちからDCが新たなシリーズを立ち上げたことをつかんだのだ。

スーパーマン、バットマン、ワンダーウーマンというDCのスーパーヒーローたちが集結する『ジャスティス・リーグ』シリーズが新たに発売され、すごくよく売れているという。グッドマンはスーパーヒーローがブームになりつつあるとは思っていなかったが、それに乗っかりたいと思ったのだ。

「マーティンは新しいスーパーヒーローを作りたいと、いきなり熱く語り出したよ」とリーは思い出す。

「あんまり熱心だから、できないなんて言えなかった。だから明日まで考えさせてほしいと言ったんだ」

もうコミックから離れたいと妻ジョーニーに言うつもりで家に戻ったが、**ジョーニーには何か別のことをしたらどうかと提案された。**

「マーティンの言う通りに新しいスーパーヒーロー集団を作ったら、前からずっとしてみたかったことができるかもしれないとジョーニーが気づかせてくれたんだ。深い内容の話を書き上げることもできるし、生身の人間みたいに話す愉快なキャラクターを生み出せるかもしれないってね。確かにまったく新しいヒーローたちを作り出したかったし、スタイルを変えて表現してみたかった。ずっとそんなことがしてみたかったし、うまくできれば大人も子供も惹きつけられるはずだ」

グッドマンにリーは6歳か7歳向けのコミックを作ってほしいといつも言われていたのだ。

「好きなようにコミックを作っても失うものはないじゃないの」と妻ジョーニーにリーは言われた。

「いちばんまずいのはマーティンを怒らせて首になること。でも、その気になればいつでも辞められるんだから、おそれることなんてない。あなたのやり方で得られるものがきっとある」

まさにリーがしたかったことだ。マーティン・グッドマンはスーパーヒーロー・チームを求めたが、リーはDCのジャスティス・リーグの二番煎じにしたくなかった。

これまでタイムリー社がしてきたことも繰り返したくなかった。ストーリーをよく練り上げて、スーパーヒーローものコミックにありがちなものは省き、**非現実的な物語を「現実的に」したかったのだ。**

リーが作り出したスーパーヒーローは超人的能力を備えているが、弱い部分もある。個人的に問題を抱えていて、人とうまく付き合えない。当時まだ話題になることがなかった「内的葛藤」に苦しんでいたのだ。超人的能力でスーパーヒーローとして活躍できるかもしれないが、普通の人間と同じように日々の問題にも対処しなければならない。

こうしたことがあるからこそ、キャラクターやストーリーが誰にとっても親しみのもてるものになるとリーは信じていたのだ。

ファンタスティック・フォー

リーは何日もキャラクターやアイデアをメモに書き留めていたが、ついにこれだと思える**4人のチーム**を思いつき、彼らを「ファンタスティック・フォー」と名づけた。

リーダーはリード・リチャーズで、うぬぼれ屋の彼はミスター・ファンタスティックを自称する。リード・リチャーズはリーが言うには、「ヒーローとして賢いが、退屈な人間」だ。

ベンジャミン（ベン）・ジェイコブ・グリムはザ・シングと呼ばれ、半分モンスター、半分人間の愉快なキャラクターだ。

サブ・リーダーは女性のスーザン・ストームだ。体を透明にできるこのインヴィジブル・ウーマンによって、リーは従来の女性のイメージを壊そうとした。

「よくいるスーパーヒーローのガールフレンドで、敵に襲われるとヒーローに助けてもらうけど、自分の彼氏がそのヒーローだと知らないような能天気な女性にしたくなかった。彼女は体を透明にすることができて、ほかのスーパーヒーローと同じように超能力を備えている。リーダーのミスター・ファンタスティックの妻として、対等にチームを支えるんだ」

もうひとりはジョニー・ストームで、スーザンの弟だ。全身を高熱の火炎で包み、空を飛べるヒューマン・トーチ[※1]として活躍する。

「ジョニーはそれほどナイス・ガイじゃなかったし、いつも時間を無駄にしてると自分でも感じていた。仕事はないし、車をいじっているか、女の子をひっかけるか、どちらかだったからね」

リーは『ファンタスティック・フォー』のキャラクターとあらすじを2枚の紙にまとめて、ジャック・カービーにイメージを膨らませてもらうことにした。

「ファンタスティック・フォーが最後の作品になるかもしれないと思った。どんなことになるかまったくわからなかったけど、最後にとことんやってみることにしたんだ」

『ファンタスティック・フォー』はスタン・リーにとって、そしてタイムリー・コミックスにとって、新たな一歩を踏み出すものとなった。売上の数字は売場にコミックが並んでから数か月

『ファンタスティック・フォー』第49号のカバー。巨大な敵は作品の代表的なヴィラン（悪役）のギャラクタスで、異名は「プラネット・イーター」。（写真：Photofest/アフロ）

経たないとわからないが、**それを待たずにリーの手元にファンレターが届きはじめた**のだ。この仕事を20年つづけていて初めてのことだった。多くの読者が『ファンタスティック・フォー』第1号（1961年11月号）を気に入ってくれて、もっと読みたいという便りを送ってくれたのだ。

『ファンタスティック・フォー』によってリーは新たな創作の次元を切り拓いた。

「スタンは次々とキャラクターを思いついたの」と妻ジョーニーは言う。

「ほんとにすばらしい時（ファンタスティック・ピリオド）だった」

マーベル・メソッド

現在マーベル映画で人気を集めている

キャラクターの多くは、1961年から1967年のあいだに誕生している。

リーはキャラクターやストーリーを思いつくと、まずそれを紙に書いてジャック・カービーのようなアーティストに伝えた。カービーはそこから次の段階に発展させた。

キャラクターをどのように見せるか考え、コマをいくつか描いてストーリーを練り込み、動きをつけた。リー、そして弟のラリー・リーバー[※2]とほかのスタッフが各コマにセリフやキャプションを書き込んだ。そして最後にコマをすべてつなぎ合わせて色を付けたのだ。

スタッフが一致団結したこの流れ作業は、**「マーベル・メソッド」**として知られることになった。

今日キャラクターはそれぞれ一体誰が作り出したのかと問題にされることもあるが、リーが言うように、明確な答えは出せない。

「多くの人たちが一緒に動かしていたから、誰が作り出したか断定するのはむずかしい。[※3]みんなでひとつのことに取り組んでいたんだ」

この頃には多くのスタッフが多くのものを手掛け、作り出すキャラクターはどれも人気者になった。

1962年には、アントマン[※4]、インクレディブル・ハルク[※5]、ソー[※6]、スパイダーマン[※7]が登場した。

これはマーティン・グッドマンの反対がなければできないことだった。

グッドマンが重視したのはあくまでコミックの売上だ。当時も非常に狭い考え方にとらわれていたから、新しいキャラクターを登場させることなどとても考えられなかった。グッドマンにスパイダー・パワーを持つティーンエイジャーのスーパーヒーローを売り出したいと伝えたところ、リーは「当時の社長にきっぱり言われた」という。

「当時の社長」とは持ってまわった言い方だが、これは言うまでもなくマーティン・グッドマンのことだ。

「最低のアイデアだ、こんなの今まで聞いたことがないって。みんなクモが嫌いだ。クモ男（スパイダーマン）なんて名前のキャラクターがヒーローになれるはずがない！　それにスタン、ティーンエイジャーはあくまで脇役だって、どうしてわからないんだ？」

スパイダーマンを世に出した秘策

だが、リーはすでに社会の常識を打ち壊していた。

「信じがたいことを受け入れてください、どこかのおかしなやつが壁を登ることもあるって認めてほしいと映画を観る人たちに期待するわけだけど、一度受け入れられてしまえば、みんなこう思うんじゃないか？　『そんなキャラクターが現実にいたら面白いよ。彼らもきっとニキビやフケを気にしたり、彼女がほしいとか、仕事がほしいとか思うんじゃないかな』」

そんなスパイダーマンをどうにか売り出す方法をリーは見つけた。

グッドマンに売れ行きのよくないシリーズをひとつやめるように言われていたので、そのひとつ『アメージング・アダルト・ファンタジー』の最終号に、**密かに書き上げたスパイダーマンのストーリーを挟み込んだ**のだ。

「最終号で何をしようが誰も気にしない。だからここでスパイダーマンを繰り出そうと思ったんだ」

スパイダーマンは大変な人気を博し、マーベルを代表するキャラクターになった。その後、スパイダーマン映画は総額63億6000万ドルを稼ぎ出すことになる！

翌年、リーはさらに多くのものを「繰り出す」ことになった。

1963年、コミック・チームとともに、アイアンマン[※8]、ニック・フューリー[※9]、ドクター・ストレンジ[※10]、ワスプ[※11]を登場させたのだ。

X-MEN[※12]も、プロフェッサーX[※13]（チャールズ・エグゼビア）、マグニートー[※14]、サイクロップス、ビースト、エンジェル、アイスマン、マーベルガール、マスターマインド[※15]、クイックシルバー[※16]、トード[※17]、スカーレット・ウィッチ[※18]のメンバーでデビューさせた。

リーは最初彼らをX-MENではなく、「ミュータント」と呼びたかったが、グッドマンに

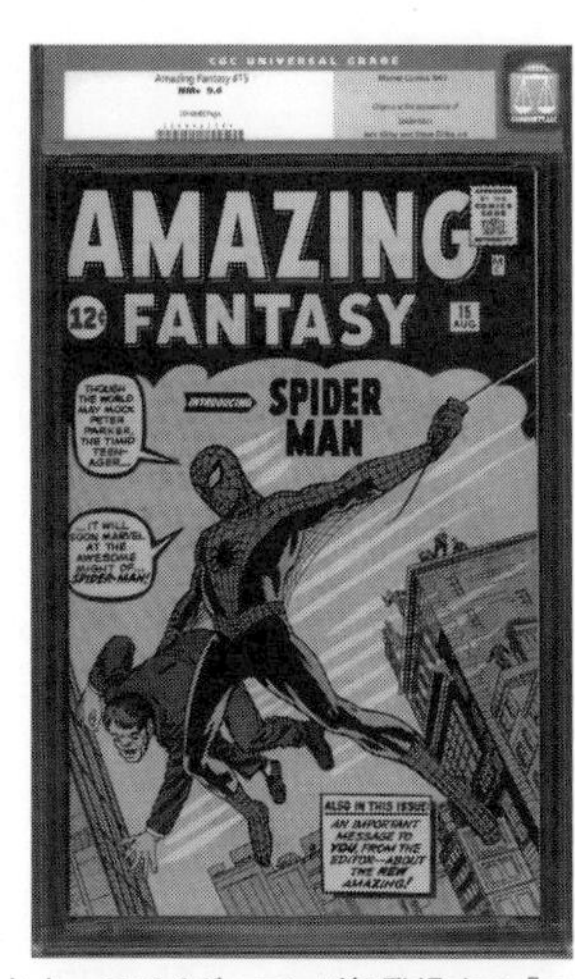

2011年に競売にかけられた、スパイダーマンが初登場する『アメージング・ファンタジー』最終号の現物。110万ドルで落札された。（写真：Solent News/Shutterstock/アフロ）

「ミュータント」の意味が読者にはわからないと言われて、その名前にした。

さらにこの年に、アイアンマン、ハルク、ソー、アントマン、ワスプのキャラクターからなるアベンジャーズをついに作り上げた。1964年にはキャプテン・アメリカを復活させてメンバーに加えた。さらにブラック・ウィドウ[※19]、ホークアイ[※20]、デアデビル[※21]も生み出した。

60年代初期、タイムリー社として知られた（一時期アトラスとしても知られた）コミックの出版社は、マーベル・コミックに変わった。

1961年には小さな長方形の枠に囲まれたMCのイニシャルが出版物のカバーに表示されるようになり、1963年5月からは「マーベル・コミック・グループ」の社名がカバーに記された。

リーは自分の個人的な一面もコミック内に示そうとした。「スタンの街頭演説台」(Stan's Soapbox)[※22]と題するコラムを設けて、人種やドラッグといったことに関する社会問題について自身の意見を描き込んだのだ。もちろんマーベルのキャラクターやストーリーに関する感想も寄せてほしいと読者に呼びかけた。

加えて、ライター、アーティストのほか、線画、カリグラフ、色付け、編集の各担当者の名前を一覧にして記したのだ。これは当時なかったことだ。

落ち込んでいた時期は何年かあったものの、スタン・リーはふたたび精力的に仕事に取り組んだ。いちばんやりがいを感じたのは、**新しいことに挑戦して、コミックの可能性を広げる**ことだった。

ポップ・カルチャーの批評家として知られるリチャード・ハリントンは指摘している。「マーベルは60年代初頭に……新たな可能性を切り拓くという評判を打ち立てた。デアデビルは初めて出てきた盲目のヒーローだ。黒人のスーパーヒーロー、ブラック・パンサー[※23](1968)とルーク・ケージ(1972[78ページ参照])は、マーベル・シリーズにおけるヒーローの肌の色に対する偏見を取り払った。『フューリー軍曹とハウリング・コマンドーズ』(1963)は、黒人(ゲイブリエル・ジョーンズ)、ユダヤ系(イジー・コーエン)、イタリア系(ディノ・マネッリ)の兵士からなる多民族軍隊を初めてコミックに登場させた」

グッドマンが社長を退く

マーベルでリーがストーリーやキャラクターを書き上げてアーティストたちに指示を与え、マーティン・グッドマンは彼らが作り上げたコミックでいかに利益を上げるか考えた。

1968年、グッドマンは自身の出版事業マガジン・マネジメント・カンパニー全社を、のちにケイデンス・インダストリーズとなるパーフェクト・フィルム・アンド・ケミカル・コーポレーションに売却した。

グッドマンはマガジン・マネジメントの1年の売上をわずかに下まわる1500万ドル弱を得て、いくつか契約も交わした。自分は売却した事業の社長と出版会社の代表に就任し、跡取りに考えていた息子チップに出版部長を務めさせることにしたが、ケイデンス・インダストリーズはリーにマーベルの編集長として残ることも求め、リーも受け入れた。

それから4年、マーベル・コミックは新体制でどうにか動いていたものの、ふたたび業績が悪化した。グッドマンは相変わらず経営面の立て直ししか頭になかった。

リーはマーベル・メソッドによって自らストーリーを書き、上がってきたすべてのイラストに目を通してコミックにまとめた。

1972年、**グッドマンは64歳で自身の会社の社長を退くことにした。**息子チップを後任に据えるつもりでいたが、ケイデンスはマーベルの業務に通じているスタン・リーを新社長に任命した。

グッドマンは激怒し、1974年にマーベルに対抗するコミックの出版社を立ち上げた。この新会社アトラス・コミックスにチップを社長に据えたほか、リーの弟で、マーベルでリーとともに仕事をしていたラリー・リーバーも引き抜いてアトラスに迎えた。だが、アトラス・コミックスは長くつづかず、わずか1年で解散に追い込まれた。

新社長の壮大な野望

コミックの編集長を30年務めたあと、リーはついにマーベルを違う方向に向けた。出版会社の社長に就任し、長く務めた編集長の職から退いたのだ。

彼は興奮し、1972年の「ブルペン・ブレティン[※24]」に書いている。

「フェーズ2の幕開けだ。マーベルはすごく若くてすごく活気にあふれていてみんなやる気満々だから、過去に立ち戻ろうとか昔の成功に浸ろうなんて誰も思わない。僕らはまだ最高

1975年、黒いセーターに身を包みアート・ディレクターのジョン・ロミタとミーティングをしているスタン・リー。当時は社長と編集長を兼任していた。（写真：AP/アフロ）

のものを作り上げていない。昔のものじゃなくて、これから出てくるものを期待してほしい……。マーベルがふたたび動き出す！」

リーが望んだのは、マーベルを次の段階に押し上げることだ。マーベルのスーパーヒーローたちをハリウッド映画に登場させるのだ。彼は言っている。

「マーベルを次のディズニーにしたい」

まずはマーベルの名前を浸透させることだ。

「常々思っていたことだけど、マーベルはしっかりした宣伝戦略ができていない」とリーは話している。

「マーベルには読者に愛されるヒーローがたくさんいる。次の号を待ち望む熱心な読者もいる。ライバル社が羨む固定ファンもいる。でも、効果的に商品を宣伝販売できる手段がないんだ。うちの会社はファンのあいだで知られているだけで、それ以外には広く知られていない」

リーは毎週、国中を旅して人々と話した。マーティン・グッドマンは常に「十分な利益」を求めたが、リーは天性のショーマンだった。

以前は編集後記「スタンの街頭演説」を通じて読者を余興に呼び込んでいたが、これからはマーベル・サーカスの団長として強力なスーパーヒーローたちを導くのだ。まずは大学生に焦点を絞った。毎週彼らとマーベルについて話す機会を設け、ときには国外にも出かけた。

「効果はあったと思う。マーベルに対する関心がどんどん高まっていく手ごたえがあった」

だが、国中をまわって人と話してマーベルを宣伝していないとき、リーは新たな業務に忙殺された。社内の各種会議で収益やビジネス戦略の説明を求められ、疲れ切ってしまった。

「僕はこんなことをしているけど、僕なんかよりそれをずっとよくできる人が数えきれないほどたくさんいるってあるとき気づいたんだ。僕がいちばんしたいのは、コミックを作ること。でも、もうそっちはまったくできなくなってしまったんだ」

会社の経営状態とは常に距離を置いてきたが、責任を負わなければならない立場に置かれてしまったのだ。ケイデンス・インダストリーズはマーベルに大きな収益をもたらしてほしいと期待したが、１９７０年代はマーベルにとって苦難の時代だった。

コミックの売上はふたたび悪化し、歯止めがかからなかった。一方、リーの熱意と楽観主義をもってしても状況は改善しなかった。わずか2年で社長職を解任されたが、出版部門の責任者として会社に残った。

マーベルは編集長が次々と入れ変わった。

リーの後任の社長は長くつづかなかったものの、１９７５年に社長に就任したジム・ガルトン[※25]は、退任まで15年間職務をつづけた。

だが、コミック業界に未来は感じられなかった。マーベルの編集者たちは業績改善のためにできることは何でも試みた。カウンターカルチャー世代に訴えようとして、アングラ・コミック[※26]で活躍するライターやアーティストたちを登用した。新しいキャラクターを次々に繰り出し、往年のヒーローたちも再登場させたが、**売上は好転しなかった**。

インターン時代からマーベルでライター、編集者として働いていた人物は言う。

「誰もコミックを買わなくなりました。斜陽産業になりつつあると、みんなわかっていました。１９８０年を迎える頃には、もう会社を飛び出して、食べていける仕事を探すしかありませんでした」

キャラクタービジネスに見出した光明

コミック出版社がキャラクターやストーリーに手をかけても売上が伸びず、利益を上げられなければ、どうしたらいい？

マーベルは自社のキャラクターのライセンス契約を玩具メーカーやエンターテインメント関連各社と結ぶことで、利益を上げようとした。

これはマーベルの新たなビジネスだった。すでに１９６６年、キャプテン・アメリカ、アイアンマン、ハルク、ソー、サブマリナーのライセンス契約をグラントレー＝ローレンス・アニメーションと結び、同社に子供向けアニメーション番組『マーベル・スーパーヒーローズ』の制作を許可していたが、契約はそのためのものだった。そしてコミックの売上を伸ばすことのためだけに契約は結ばれたのだ。

所有する知的財産を利用するのもひとつの手だ。

だが、ケイデンスは、マーベルのキャラクターを映画にも一般向けテレビにも登場させたいと考えていた。

マーベルはキャラクター・ライセンス使用料をエンターテインメント産業から得ることで利

益を生み出そうとしたが、問題にぶつかった。

父マーティン・グッドマンのビジネスを継いだチップ・グッドマンが、1971年以前にマーベルのキャラクターのほぼすべての**所有権を売り渡していた**のだ。買い上げたのはスティーヴ・レンバーグという若いコンサート・プロモーターだ。

レンバーグは言う。

「チップは所有するコミックの権利をすべて僕に譲り渡すと最後に腹を決めました。権利とオプションをまとめた20ページにおよぶ契約書が送られてきましたが、それによると、僕は何でもできるみたいです。マーベルのキャラクターを使って映画でもレコードでも何でも作れます」

この契約でチップ・グッドマンが得たのはわずか2500ドルだ。そしてレンバーグはマーベルのキャラクターを完全独占使用できる権利を思い通りに更新することもできる。

あるマーベルの社員によれば、チップ・グッドマンは2500ドルを運よく手にしたくらいにしか考えていなかったという。この2500ドルを「手に入れて」、一体どれだけのビジネス・チャンスを失うことになったのか?

幸運にもケイデンス・インダストリーズの弁護士は苦労の末にどうにかレンバーグからキャラクターの権利を取り戻すことができた。マーベルはゲームを再開した。

テレビ番組を足掛かりに

権利を取り戻してから、リーはマーベルのキャラクターをニューヨークでもハリウッドでもあらゆる形で押し出そうとした。

イギリスのロック・グループ、ザ・フーが1975年にロック・オペラ『トミー[※27]』を大成功させると、これにならってファンタスティック・フォーをフィーチャーしたロック・オペラの台本を書いた。

ブロードウェイにはキャプテン・アメリカの舞台を提案した。

デアデビルやブラック・ウィドウのテレビ番組のシナリオのほか、ゴーストライダー[※28]、ハワード・ザ・ダック、サブマリナーの映画台本も書いた。

シルバーサーファーの映画化も計画し、ポール・マッカートニーにサウンド・トラックの依頼もしている。ソーを主人公にした神が語り掛けるオフ・ブロードウェイ戯曲のシナリオ要約も用意した。ソーといえば、クリス・ヘムズワース[※29]がすぐに連想されるかもしれない。だが、リーが当時その要約でイメージしたのは、体はアーノルド・シュワルツェネッガー、顔はロバート・レッドフォード、声はリチャード・バートン[※30]の声でしゃべる雷神だった。

リーはこんなふうにアイデアを出し、それなりに成功も収めている。

1976年にはスパイダーマンとハルクの実写映画制作権を映画プロデューサーのスティーブ・クランツ[※31]に、スパイダーマンのテレビ放映権をダン・ゴールドマン[※32]に売り渡した。

ユニバーサル・テレビのフランク・プライス[※33]は、息子がハルクのイラストをあしらったトレーナーを着ているのを見て、これはいけると思い、ハルクの実写版のテレビ放映権を求めたのだ。プライスは最終的にマーベルの12のキャラクターの使用権を1万2500ドルで手に入れ、うち8人のキャラクターを主人公にした番組制作をCBSに持ち掛け、それぞれ2時間のパイロット番組（スポンサー獲得あるいは視聴者の反応を見るために制作される試作番組）を作る資金を手に入れた。

『アメイジング・スパイダーマン』は1977年にCBSで放映されたが、**期待を下まわる結果に終わった。**

「彼らが用意した脚本はどれもひどいものだったよ。番組を打ち切るか、ひどい台本で我慢するか、どちらかしかなかったけど、どっちがよりひどいことになるかもわからなかった」とスタン・リーは不平を漏らしている。

「あそこの脚本家はみんなまともな仕事をしたことがなかったようだ。お決まりのテレビ番組のストーリーしか書けなかったよ。マーベルのキャラクターには特別なストーリーが必要で、何でもいいというわけにはいかないよ」

スパイダーマンのテレビ・シリーズは13話で打ち切られた。

翌年にはドクター・ストレンジが1作だけ放映されたが、このキャラクターもテレビでは魔術を発揮できずにたちまち消えてしまった。デアデビルのシナリオも書かれたが、日の目を見ることはなかった。

ハルクは運よくビル・ビクスビー[※34]（バナー博士）とルー・フェリグノ[※35]（超人ハルク）のダブルキャストで1978年にCBSでドラマ化され、5シーズンつづいた。**『インクレディブル・ハルク』はマーベル初のテレビ・ヒット番組となった。**

ハリウッドに立ちはだかる、ふたつの壁

映画に売り込むのは、テレビに売り込むより大変だった。

自分たちのキャラクターが映画になるとハリウッドの映画業界を説得するにあたり、マーベルはふたつの問題に直面した。

ひとつは業界がそれまで**スーパーヒーローもコミックも映画にしたことがなかった**ということだ。リーにすれば、ハリウッドの映画業界のプロデューサーたちと話すのは、マーティン・

グッドマンと話すのと同じだった。マーベルのコミックはティーンエイジャーや大学生、さらにはもっと年上の人たちに向けて書かれているし、実際に彼らに買ってもらっていると何度説明しても、まさしくグッドマンと同じように、映画は6歳の子供たち向けに作られるべきと決めつけられた。

DCのバットマンも1966年にテレビ放映されたときは思わしくない扱いを受けた。『バットマン』は人気シリーズ『0011ナポレオン・ソロ』[※36]の流れを継ぐクールなシリーズにしようということだったが、番組担当プロデューサーのウィリアム・ドジア[※37]がバットマンを知らなかったので、街でバットマンのコミックを何冊か買って読んでみることにした。ドジアは何エピソードか読んでみたが、テレビ・シリーズにできるとはとても思えなかった。そこで彼はやたら大げさで、度が過ぎてコミカルなヒーローを作り上げた。もちろん主に子供向けだが、ひょっとして見るかもしれない大人たちを冷笑しようという意図もあったかもしれない。

もうひとつの問題として、コミックのスーパーヒーローも悪役も、**当時はコミックと同じように実写映画では描出するのがむずかしかった**ことがある。スパイダーマンがビルの谷間をウェブで飛びまわったり、バナー博士が緑の怪物ハルクに変身したり、ヒューマン・トーチが炎に包まれたり、スーザン・ストームが透明になったり、アイアンマンが自由に空を飛びまわるのを映画で実写描出するのは、容易なことではなかった。

変化が起こったのは、クリストファー・リーヴ[※38]主演の映画『**スーパーマン**』**が1978年に公開されてから**だ。

映画には笑える場面もたくさんあったが、6歳の子供たちをターゲットにしているわけではなかった。当時としては、特殊効果もよくできていた。映画のポスターに、次のキャッチコピーが躍った。

「あなたも空を翔べる！」(You'll believe a man can fly.)

そして1970年代後半から1980年代前半にかけて、**インダストリアル・ライト&マジック**[※39]**によって視覚効果は急速な進歩を遂げる**ことになる。

スタン・リーは1980年にロサンゼルスを永住の地に定めて愛すべき自分のコミック・キャラクターの売り込みを開始するが、マーベルの役員たちは映画に見切りをつけ、子供向け市場に注力することにした。

1981年に、ケイデンス・インダストリーズは、ピンク・パンサーを生み出し、マーベルのプロジェクトもいくつか手掛けたアニメーション制作会社デパティエ・フレレング・エンタープライズ(DFEフィルムズ)を買収した。

ケイデンスはこれをマーベル・プロダクションと命名し、デイビッド・H・デパティエを社長に据え、スタン・リーをクリエイティブ・ディレクターに任命した。マーベル・プロダクションは「サタデー・モーニング・カトゥーン[※40]」の子供向け番組制作に集中することになった。

だが、リーは**スーパーヒーローの大人向け実写版映画の夢が捨てきれなかった**。アイデアをいくつも出したが、映画業界で夢を実現するのは例外なく大変なことだった。

「ハリウッドの業界に絶対はない。何であれ、同意に至るまでに延々と時間がかかる」とある映画ディレクターの友人に手紙を書いている。

リーは午前中にアイデアを捻り出して午後に書きまとめて、夕方以降にスタッフを呼び出してキャラクターやストーリーを具体化してもらい、イラストをつけてコマ割りしたものを数日あるいは数週間かけて目を通した。そのあと自分で会話を書き上げて、文字入れ担当に渡し、印刷所にまわした。それから2、3か月のちにコミックが刷り上がって店頭に並べられ、読者に手に取ってもらうことになった。

「ここでは映画のアイデアが上がって数年経過しても、まだ映画にできるかどうかわからない」とリーは説明する。

「映画はずっと大きなビジネスだ。契約も交渉もしなくちゃいけないし、変更もあり得る。ちょっとフラストレーションがたまる。僕は早く動いて早く書き上げたいからね」

ハリウッドでは誰もが**「イエス」**と言うが、それが実際に意味するのは**「たぶん」**であり、役者や監督や脚本がしっかりしていて、絶対に当たるという要素がそろっていると確かに思えるまで、決断が下されることはない。ようやくその段階に至ったとしても、プロジェクトが動き出すのは、どこからか資金が得られてからだ。

この長く入り組んだ過程に手をつけるにあたり、制作者側はキャラクターの映画化権を一定期間独占使用できる契約料を支払う。それが必要となることがあるからだ。こうして契約は数年、ときには数十年にもおよぶことになる。

このあいだにもトム・セレック[※41]にドクター・ストレンジを演じないかという話が持ち掛けられ、カール・ウェザース[※42]はある映画でパワーマン[※43]（ルーク・ケージ）を演じようとし、アーウィン・アレン[※44]はヒューマン・トーチを、ロジャー・コーマン[※45]はスパイダーマンの映画化を検討し、アニメーション制作会社ネルヴァナはＸ－ＭＥＮの実写映画の制作権を手に入れた。

だが、**何ひとつ実現することはなかった。**

ささやかな勝利、そして……

マーベル役員が１９８０年代初頭に映画界に参入しようとするなか、昔のコミックが突如ふたたび売れ出した。だが、ケイデンスが何かしたからではない。

1970年代中頃、昔を懐かしむベビーブーマーのあいだで、**野球のカード収集のブームが起こった**ことがきっかけだ。

当時マニアは大枚をはたいてレアなヴィンテージ野球カードを買い集めていた。収集価値に気づいた国中の人たちが、ただ古いだけでなく、**「収集する価値のある」**商品を探し出したのだ。ヴィンテージものコミックも「収集する価値のある」商品となり、コミック・ストアの店頭にずらりと並べられることになった。

人々はヴィンテージ・コミックを求めると同時に、新しいコミックも買っていった。そして自分の好きなアーティストやライターの作品を買い求めた。マーベルの編集スタッフはただちに対応し、コレクターが好みそうな特製本を編纂して売り出した。市場は一変した。

その間、当時のマーベル社長ジム・ガルトンは玩具メーカー数社とライセンス契約を取りつけようと積極的に動いた。マテル[※46]はスーパーマンやバットマンやワンダーウーマンを含むDCの人気キャラクターのライセンス契約でケナー[※47]に競り負けてしまったことがあり、マーベルに積極的にアプローチした。

マテルがひとつマーベルに求めたのは、**マテルの玩具を後押しできるコミックの刊行**だ。

子供たちは「シークレット・ウォーズ」(*Secret Wars*)のタイトルに惹かれるということも調査してつかんでおり、その書名にすることも求めた。こうして『マーベル・スーパーヒーロー・

シークレット・ウォーズ』シリーズが1984年5月に創刊され、ここにキャプテン・アメリカ、スパイダーマン、アイアンマン、ハルク、ソー、キャプテン・マーベル、ホークアイ、ワスプ、ウルヴァリン、プロフェッサーX、コロッサス（※12［73ページ参照］）、ザ・シングほか、「マーベルAリスト」の人気キャラクターが集結した。

マーベルが初めてキャラクター・グッズを意識してコンテンツ作りを試みた瞬間だった。

このマテルとの契約が利益を生み出した。1985年の終わりにマーベルの収益は1億ドルに達したが、多くはキャラクター・グッズのライセンス契約からもたらされた。

だがケイデンスはほかにも経済問題を抱えていて、マーベル社員の多くはそれらを知らされていなかった。だからある日ひとりの男がニューヨークのマーベル社にやってきて、仕事場についてあれこれ言い出したものだから、社員はみんな驚いてしまった。

マーベルのライターでのちに編集長に就任するトム・デファルコは言う。

「コミックの校正作業をしていたら、その人が入ってきて、机やオフィスの内装を含めて何もかもひどいと言い出したのです。最初はインテリア・デザイナーだと思いましたから、その人に言いましたよ。『どなたか存じませんが、僕はこれからこいつを印刷にまわさないといけないのです』。するとその人はふんぞり返って答えました。『僕はロバート・レーメ、ニューワールドの社長だ』」

この人物はニューワールド・ピクチャーズ[※48]の社長だった。

ニューワールド・ピクチャーズの社長だって？

どうして映画会社の社長がマーベルのニューヨークの新オフィスにいる？

ロバート（ボブ）・レーメ[※49]は**自身が買い上げた会社を見に来ていたのだ。**

マーベル社員にはまだ知らされていなかったが、マーベルはニューワールドに買収されたのだ。ケイデンス・インダストリーズは経営が立ち行かなくなり、ニューワールドに買い上げられていたから、すでにそのときロバート・レーメがトム・デファルコとマーベル全社員の雇い主だった。

※1　ヒューマン・トーチ
本名ジョナサン・ローウェル・スペンサー・〝ジョニー〟・ストーム。宇宙線を浴びたことで意のままに炎を操る能力を得る。インヴィジブル・ウーマンは実姉。同名のヒーローに「インベーダーズ」のメンバーとしてキャプテン・アメリカたちとともに戦ったアンドロイドがいたが、これとは異なる。

※2　ラリー・リーバー（1931～　）
スタン・リーの弟。アメリカ空軍の軍人で、沖縄にも2年間駐留。1955年に退役し、兄が編集長だったマーベルに勤務するようになる。アイアンマンとマイティ・ソーとアントマンの原作と脚本を書いた。

※3
誰が作り出したか断定するのはむずかしい
ウォルト・ディズニー社では誰がアニメーションを書いてもウォルト・ディズニーのクレジットが記されるのと対極にある。

※4
アントマン
1962年に初登場。初代アントマンはヘンリー・〝ハンク〟・ピム。人間のサイズを縮小させて昆虫ほどの大きさに変身させる方法を発明した科学者。2代目アントマンはスコット・ラング。ピムとアイアンマンの援助で改心した泥棒。3代目アントマンはエリック・オグレディ。下級エージェントで、私利私欲のためにヘンリー・ピム博士のアントマンスーツを盗んだが、のちに改心する。

※5
インクレディブル・ハルク
本名ロバート・ブルース・バナー。天才物理学者。コミック版では新型爆弾ガンマ・ボムの実験中に実験場に迷い込んできた少年を助け、大量のガンマ線を浴びてしまい、それが原因で怒りや憎しみによって緑色の肌と怪力を持つ2・7メートルの巨人「ハルク」に変身するという設定。

※6
ソー
北欧神話の雷神トール（Thor）をベースとして1962年に初登場。ソーはトールの英語読み。アスガルドの第1王子にして、オーディンとフリッカの実子である次期アスガルド王候補。粗暴で喧嘩っ早い反面、単純で裏表がない性格。追放により訪れた地球での経験を通して成長していく。

※7
スパイダーマン
スタン・リー原作、スティーブ・ディッコ作画により1962年に誕生したヒーロー。本名ピーター・ベンジャミン・パーカー。幼い頃に両親を失い、父方の伯父夫婦であるベンとメイに育てられる。高校生のとき、研究所に見学で訪れたピーターはそこで放射能を浴びたクモに刺されてしまい、壁に貼りつくなどクモ由来の超能力を得る。

※8
アイアンマン
本名アンソニー・エドワード・〝トニー〟・スターク。1963年に初登場。マサチューセッツ工科大学を首席で卒業、20歳で両親の遺産と企業の経営権を得て新技術を次々に開発。ベトナム（リリースの時代によって湾岸戦争やアフガニスタンなどに変更される）でゲリラに捕らえられ、強要されてパワードスーツ「アイアンマン」を開発。自力で脱出するとともに以後はヒーローとして活躍する。

※9 ニック・フューリー
本名ニコラス・ジョセフ・〝ニック〟・フューリー大佐。秘密諜報機関シールド（S.H.I.E.L.D.）の長官として登場する。隻眼であり、左目にアイパッチをしているのが特徴。

※10 ドクター・ストレンジ
本名スティーヴン・ヴィンセント・ストレンジ。天才的な脳外科医だったが両腕を負傷、救いを求めチベットの魔術師エンシェント・ワンに弟子入り。7年間の修行の末に魔術を会得してヒーロー活動を開始する。

※11 ワスプ
本名ジャネット・ヴァン・ダイン。ヘンリー・ピム（アントマン）のパートナーとして1963年に登場。実験中に科学者である父親を宇宙怪物に殺され、復讐すべく父の友人だったピムに協力を依頼したことでふたりは出会う。

※12 X-MEN
語源はEXTRA-MEN、生まれながらの超能力者を意味する。主人公が後天的に能力を授かるそれまでのヒーローとは逆転する発想で、1963年に『The X-MEN』第1号で初登場。デビュー時ではなく、主要メンバーは以下の通り。リーダーであるサイクロップスは、目からビームを発射する。マーベルガールは、テレパシー、およびテレキネシスの能力を持つ。エンジェルは天使のような翼を持ち飛行能力に特化しており、鳥のようにすぐれた視力を持つ。ビーストは天才科学者で、獣のような強靭な肉体と俊敏性、巨大な手足を持つ。アイスマンは氷を生み出し操ることができる能力を持つ。ウルヴァリンはどんな傷をもいやす「ヒーリング・ファクター」と強硬な金属アダマンチウムでできた骨格と長い爪を持つ。ストームは天候を操り、雷を発生させ、空を飛べる。コロッサスは全身を生体金属オムニウムで覆うことができる。ナイトクローラーは青い肌と尻尾を持ち、テレポーテーション能力を有する。ローグは触れた人物の力や記憶、そして生命力を奪い取ることができる能力を持つ。シャドウキャットは、あらゆる物質を透過する、また触れたものを非実体化させる能力を持つ。ホワイトクイーンは人の記憶を操ることができるレベルのテレパシー能力に加え、体を有機ダイヤモンドで覆うことができる。

※13　プロフェッサーX
本名はチャールズ・フランシス・エグゼビア。地上最強のテレパスで、他人の心を読み、記憶を操作する。超能力コントロールのストレスから頭がはげ上がっており、凶悪な宇宙人ルシファーとの戦いで脊髄を損傷し、車椅子を用いている。1963年『X-MEN』第1号で初登場。

※14　マグニートー
本名はエリック・マグナス・レーンシャーで、出生時の名はマックス・アイゼンハート。ユダヤ系ドイツ人。ホロコースト生存者で、ナチスにより母、父、姉妹を処刑されている。磁場を生成し操作することが可能。1963年『X-MEN』第1号で初登場したミュータントによる世界の支配を目論む。プロフェッサーXとはかつて親友だった。

※15　マスターマインド
X-MENと敵対するミュータント組織「インナーサークル」のリーダーで、本名ジェイソン・ウィンガード。1964年『X-MEN』4号で初登場した。幻影や擬態フィールドを作るテレパス能力を持つ。

※16　クイックシルバー
本名ピエトロ・マキシモフ。1964年『X-MEN』第4号で初登場した。マグニートーの息子であり、スカーレット・ウィッチの双子の弟。超人的スピードで移動する能力を持つ。

※17　トード
本名モーティマー・トインビー。1964年『X-MEN』第4号で初登場。突然変異体としての醜く奇妙な容姿のため両親に捨てられ、孤児院で育つ。驚異的な跳躍能力とスピード、粘着質の13フィートの長さの舌を持つ。

※18　スカーレット・ウィッチ
クイックシルバーは双子の弟、マグニートーは父。1965年『アベンジャーズ』第16号から弟とともにアベンジャーズに加わった。戦闘では超能力を幅広く駆使する。

※19 ブラック・ウィドウ
本名ナタリア・アリアノヴナ・〝ナターシャ〟・ロマノヴァ。1964年に登場。黒い衣装をまとい「ウィドウ・バイト」と呼ばれるエネルギー兵器を使う。当初アイアンマンの敵であるロシアのスパイとして登場し、のちにアメリカに亡命、シールドのエージェントやアベンジャーズのメンバーとなった。

※20 ホークアイ
本名クリント・バートン。1964年、孤児院から脱走して加わったサーカス団で弓術の腕を磨き「世界で最高の射手」となるが、ソ連のスパイのブラック・ウィドウと出会って恋に落ち、アイアンマンと戦う……という設定。

※21 デアデビル
真紅のコスチュームに身を包んだ盲目のクライムファイター。弁護士として父を殺した犯人を突き止めるが起訴できず、法の限界を思い知りデアデビルとなる。2003年の映画ではベン・アフレックがマットを演じた。

※22 Soapbox
石鹸箱を即席の演台にしたことから「間に合わせの街頭演説台」の意味で使われる。今でいう「編集後記」。

※23 ブラック・パンサー
1967年に初登場。本名ティチャラ。アフリカの架空の国ワカンダの君主にして守護神。天才的な知性とすぐれた身体能力の持主。

※24 ブルペン・ブレティン
これは56ページに出てきたスタン・リーがはじめたコラムのひとつで今でいう読者コーナー。

※25 ジム・ガルトン（1924～2017）
ニューヨーク生まれ。1968年ポピュラー・ライブラリー・ブック社の社長になるが、同社がCBSに買収され解雇される。1975年にマーベル・コミックの社長に就任。ライセンス契約を多様に結ぶことで同社の経営を安定させた。1990年に退任。

※26　アングラ・コミック
1960年代終わりに出てきた一連のコミックスで、アンダーグラウンド・コミックの略。小出版社からあるいは自費出版で刊行された。

※27　『トミー』
1975年に公開されたイギリスのミュージカル映画。ザ・フーが1969年に発表したロック・オペラ・アルバム『トミー』を映像化したもの。

※28　ゴーストライダー
地獄の炎に包まれて燃える髑髏の顔を持ち、ヘルバイクに跨るアンチヒーロー。マガジン・エンタープライズのコミックに1949年初登場、同社倒産後マーベルが版権取得、1972年にはサーカスのバイクスタントマンの青年ジョニー・ブレイズを主人公としたシリーズに移行。2007年の映画版でニコラス・ケイジがジョニーを演じた。

※29　クリス・ヘムズワース（1983〜　）
オーストラリア出身の俳優。2004年デビュー。2011年『マイティ・ソー』で主人公の雷神ソーを演じて一躍脚光を浴びる。以後現在まで『マイティ・ソー』シリーズ3作品と『アベンジャーズ』シリーズ4作品、合計7作品にソー役で出演。

※30　リチャード・バートン（1925〜1984）
イギリス・ウェールズの炭坑に生まれる。貧困から養子に出され、オックスフォード大学で学ぶ。1944年から3年間、英空軍のパイロットとして従軍。1949年に映画デビュー。アカデミー賞に7回ノミネートされたものの受賞ならず。舞台『キャメロット』で1961年のトニー賞ミュージカル部門の俳優賞を受賞した。

※31　スティーブ・クランツ（1923〜2007）
ニューヨークのブルックリン生まれ。テレビ局のプロデューサーとしてアニメ『マイティ・ソー』（1966）とアニメ『スパイダーマン』（1967〜1970）を担当した。

※32 ダン・ゴールドマン（1974～ ）
デトロイト生まれ、ロサンゼルス在住の作家、アーティスト、プロデューサー。マイアミ大学映画芸術学科卒。デジタルコミックの先駆者としてハリウッドやニューヨークでケーブルTVとのコラボレーションを展開。アイズナー賞ノミネートを経て、2008年の大統領選をノンフィクションのグラフィックノヴェルとして出版して話題になった。

※33 フランク・プライス（1930～ ）
1950年代から1970年代にかけてはテレビのライター兼プロデューサーであり、ユニバーサル・テレビ代表だった。1980年代には映画界に進出し、コロンビア映画社長、のちに会長、ユニバーサル映画社長を歴任。

※34 ビル・ビクスビー（1934～1993）
サンフランシスコ生まれ。カリフォルニア大学バークレー校に進み、ハリウッドへ移り住む。1977年から放映されたTVドラマ『超人ハルク』では、緑色のハルクに変身する前のデヴィッド・バナーを好演。1980年代後半から制作された長編バージョンの『超人ハルク'90』（1989）と『超人ハルク　最後の闘い』（1990）では出演のみならず監督も務めた。

※35 ルー・フェリグノ（1951～ ）
ブルックリン出身の俳優兼ボディビルダー。ボディビルのアマチュアのトップ大会「ミスター・ユニバース」優勝。『超人ハルク』で、主人公が変身したハルクを演じて一躍有名になった。同作品の2003年の映画化では警備員役で出演。

※36 0011ナポレオン・ソロ
『0011ナポレオン・ソロ』は、アメリカNBC系列で、1964年から1968年まで4シーズンにわたり放送された、スパイもののテレビ・ドラマ（メトロ・ゴールドウィン・メイヤー制作）。第1シーズンはモノクロ、以降はカラー放送。日本では、1965年から1970年まで、日本テレビ系列で放送された。

※37　ウィリアム・ドジア（1908〜1991）
1966年、自らナレーションも担当したTVドラマ『バットマン』が大ヒットを記録し、文化的なセンセーションを巻き起こした名プロデューサー。同年にはブルース・リーが主人公の相棒「カトー（加藤）」役で出演したTVドラマ『グリーンホーネット』も制作している。

※38　クリストファー・リーヴ（1952〜2004）
ニューヨーク出身。父親は小説家、母親はジャーナリスト。コーネル大学、ジュリアード音楽院を経てブロードウェイの舞台を踏む。1978年にリチャード・ドナー監督の映画『スーパーマン』で主人公のクラーク・ケント役に抜擢され、一躍スターに。1995年に落馬し、脊髄損傷を起こして首から下が麻痺、映画界の第一線から退いた。

※39　インダストリアル・ライト＆マジック
当時『スター・ウォーズ』を作ろうとしていたジョージ・ルーカスが1975年7月にロサンゼルス郊外に設置した映画の特殊効果制作会社。ここから『スター・ウォーズ』のオリジナル三部作（エピソードⅣ、Ⅴ、Ⅵ）のほか、『スター・トレック』『インディ・ジョーンズ』ほかが制作された。

※40　サタデー・モーニング・カトゥーン
1960年代後半から土曜日の午前中に放送された子供向けの番組のこと。

※41　トム・セレック（1945〜　）
トム・セレックはアメリカの俳優。代表作に『私立探偵マグナム』『スリーメン＆ベビー』『ミスター・ベースボール』。

※42　カール・ウェザース（1948〜　）
アメリカの元フットボール選手で俳優。代表作に『ロッキー』シリーズ（アポロ・クリード役）、『プレデター』。

※43　パワーマン
1972年に登場したヒーロー。黒人でスキンヘッドのルーク・ケージが、上半身裸で鎖を武器に敵と戦う。

※44 アーウィン・アレン（1916〜1991）
映画プロデューサー、監督。代表作に『ポセイドン・アドベンチャー』『タワーリング・インフェルノ』。

※45 ロジャー・コーマン（1926〜 ）
映画プロデューサー、監督。代表作に『アッシャー家の惨劇』『リトル・ショップ・オブ・ホラーズ』『X線の眼を持つ男』。

※46 マテル
1945年創業。バービー人形の発売元で、現在は「きかんしゃトーマス」の商標権を持つ。世界最大規模の玩具メーカー。

※47 ケナー
1946年創業。現在は「スター・ウォーズ」の商標権を有することで有名な玩具メーカー。

※48 ニューワールド・ピクチャーズ
ロジャー・コーマンと弟のジーンが1970年に設立した映画制作・配給会社。B級映画の制作と国外の巨匠作品の全米配給を行った。1983年にかつての副社長で当時ユニバーサル社長だったロバート・レーメに売却され、A級作品中心の制作に移行した。

※49 ロバート（ボブ）・レーメ（1935〜 ）
オハイオ州シンシナティ生まれ。1961年シンシナティのRKOシアターのマネージャーとして頭角を現し、1969年ユナイテッド・アーティスツの広告部に移籍。1978年には副社長としてニューワールド・ピクチャーズに入社、1982年にはユニバーサル映画社長に就任し、かつての古巣を買収した。

止まらない経営危機

"Can we put the bickering on hold until after we survive this massive space battle?"

——**GAMORA**

(*Guardians of the Galaxy Vol.2,* 2017)

言い争うのは
生き残ってからにしてくれない？

——**ガモーラ**

（『ガーディアンズ・オブ・ギャラクシー：リミックス』[2017]）

いいニュース、悪いニュース

ケイデンス・インダストリーズは3年前から問題を抱えていた。

80年代は企業の乗っ取りや吸収合併や敵対的買収が頻繁に行われた。1983年から百万長者の(今は億万長者だ)投資家マリオ・ガベリ[※1]が、ケイデンス・インダストリーズの株を買い占め、会社を支配しようとしていた。

防御策として、ケイデンスの役員は短期借入金で残りの株を買い上げて自分たちを守り、乗っ取りを阻止しようとしたが、会社は経営危機に陥り、不渡りを出した。

1986年11月、マーベル・コミック・グループとマーベル・プロダクションは、ケイデンス・インダストリーズの負債整理の形で、ニュー・ワールド・エンターテインメントに4600万ドルで吸収された。ニューワールドは、マーベル・コミック・グループとマーベル・プロダクションをあわせて「マーベル・エンターテインメント・グループ」と改名した。

マーベルにとっていいニュースは、**ついに映画界とつながりが築けた**ということだ。

ニュー・ワールド・ピクチャーズは1970年から業界に手を広げていた。低予算映画の配給会社としてスタートし、イングマール・ベルイマン[※2]、フェデリコ・フェリーニ[※3]、黒澤明[※4]といった映画監督の作品を配給していたが、低予算で映画やテレビ・ドラマの制作も手掛けるようになった。なかにはおそろしく質の低い映画もあったが、のちにアカデミー賞を受賞するロン・ハワード[※5]をはじめ、ここでの仕事を足掛かりに一流映画監督の仲間入りを果たした人たちもいる。だが、悪いニュースもあった。

ニューワールドのオーナーたちも、ケイデンス・インダストリーズのオーナーたちと同じで、**コミックのことは何も知らなかった**のだ。マーベルの買収が決まったとき、ニューワールドのロバート・レーメ社長はマーケティングを担当する副社長に言ったと言う。

「わが社はスーパーマンを買ったぞ」

副社長はコミックのことは知っていたようで、ワーナー・ブラザースがDCを売却したのかとたずねた。彼はスーパーマンはDCのスーパーヒーローだったと知っていた。

「違う、違う。マーベルを買ったんだ!」とレーメは答えた。

「違います、社長」とほかの者が答えた。

「スパイダーマンを買ったのです」

レーメは驚いてオフィスを飛び出した。

「なんてことだ。止めないと! キャノン・フィルムズ[※6]がスパイダーマンの映画化権を持っているんだ!」

ニューワールドはのちにキャノン・フィルムズからその権利を得ようとしたが、できなかった。ニューワールドの役員たちは、自分たちがどのキャラクターを映画化できる権利を有しているかまるで理解していなかったのだ。

スタン・リーは当時もまだマーベルのキャラクターを映画界に売り込もうとしていたから、そういった事情も当然理解していたに違いない。どの映画会社もそうだが、マーベルのスーパーヒーローの創成期までさかのぼり、彼らをどのように使ったらいいか把握するようなことはしていなかったのだ。

1940年代、リパブリック・ピクチャーズ[※7]はキャプテン・アメリカの連作映画を作り上げたが、**このキャラクターをまるで違うものにしてしまった。**

本書の読者はもちろんご存知だと思うが、キャプテン・アメリカはスティーブ・ロジャースというひとりの兵士であり、アメリカ軍の「超人兵士計画」によって特殊な血清を打たれ、超人的能力を身につけることになったのだ。ロジャースは幼馴染のバッキーとともに、シールドを武器に敵と立ち向かう。

このキャプテン・アメリカをリパブリック・ピクチャーズはあろうことかグラント・ガードナーという検察官に仕立て上げてしまった。ガードナーは軍とまるで関係がなく、超人的能力も備えていないし、正体もよくわからず、ゲイルという名の秘書と行動をともにする。武器は

シールドではなく、銃だ。コミックのキャプテン・アメリカとは似ても似つかないものになってしまった。[※8]

ニューワールドはマーベルを買い上げたが、それで新たに革新的なことを試みようとは思わなかった。ニューワールドの脚本の出来を見定める者たちにコミックに通じた人物がひとりいて、会社の役員たちについて書いている。

「コミックをバカにしていましたし、おかしなものと考えていました」

この人物は上司に説明した。

「アラスカを買ったようなものです、深く掘り下げて、何が埋まっているか確認すべきです」

だが、役員たちは聞く耳を持たず、以前の所有者たちと同じように、マーベル作品をただ子供向け市場で展開しようとした。スタン・リーをエクゼクティブ・プロデューサーに据えてX－MENの各回30分のアニメーション・シリーズを作り、ネットワーク・テレビやローカル放送局に売り込もうとしたのだ。

ジョージ・ルーカスと共倒れ

この時期にマーベルのキャラクターをフィーチャーした映画が1本撮られた。

1986年公開の『ハワード・ザ・ダック　暗黒魔王の陰謀[※9]』だが、ニューワールドの支援は一切受けていない。ジョージ・ルーカス[※10]が1970年代初頭からこのキャラクターの映画を作りたいと考えていたのだ。

ルーカスは1983年に『スター・ウォーズ』三部作の最終作『ジェダイの帰還』を作り終えると、ルーカスフィルムの代表を降りて、別の映画制作に集中した。ハワード・ザ・ダックの映画化権を得ると、『アメリカン・グラフィティ』(1973)で一緒に脚本を書いたグロリア・カッツ[※11]とウィラード・ハイク[※12]にふたたび声をかけて、アニメーション映画のシナリオ執筆を依頼した。

ユニバーサル・スタジオはルーカスの新作映画の配給を請け負うことになったが、アニメーションではなく、実写映画として夏に公開することを求めた。ルーカスは受け入れて、ウィラード・ハイクを監督に迎えて制作を進めた。

映画は大失敗だった。批評家だけでなく、マーベルのファンにも受け入れられず、収益も上げられなかった。3700万ドルの制作費を費やしたが、アメリカとカナダで1680万ドル、全世界で3797万ドルの興行成績に終わってしまった。加えてユニバーサルはプロモーションに800万ドル費やしている。

『ハワード・ザ・ダック』の失敗により、マーベルのキャラクターは映画制作者にとって何の魅力もないものになってしまった。

以後ウィラード・ハイクが映画監督として活躍することはなくなり、ジョージ・ルーカスも経済的に苦しい状況に追い込まれた。ルーカスは5000万ドルかけてスカイウォーカー・ランチ[※13]を作り上げたばかりで、この建設費に『ハワード・ザ・ダック』の興行収入を充てようと考えていたのだ。

映画の失敗により金銭の工面をしなければならず、所有財産の一部を売却した。立ち上げたばかりのコンピューター・グラフィック会社も売却したが、これをスティーブ・ジョブズ[※14]が買い上げたことにより、予想もしなかったすばらしい結果がもたらされることになる。この小さな会社がその後ピクサー・アニメーション・スタジオに成長するのだ。

ニューワールドはマーベルが持つものを使って利益を上げようと決して思わなかった。

ある従業員は言っている。

「ニューワールドはコミック・ビジネスに参入しようと思っていませんでしたが、掘り出しものを手に入れたものの、捨て場所に困ってしまったということです」

実際彼らが望んでいたのは、**マーベルの知的財産であるキャラクターを使って商品を売ること**だった。ほかにもディズニーにならってマーベルのキャラクターをあしらった商品の販売店を開く計画も立てたが、資金不足で断念せざるを得なかった。

ニューワールドの経営状況はさらに悪化し、1989年1月にはマーベルの出版とライセンス部門を8250万ドルで投資家のロナルド・ペレルマン[※15]が代表を務めるマクアンドリューズ&フォーブス・ホールディングスに売却した。

ニューワールドはマーベル・プロダクションは売却せずに保持し、自社のテレビと映画ビジネスに取り込んだものの、結局それも手放し、3か月後には**全社まとめて1億4500万ドルでペレルマンに買い上げてもらう**ことになった。

繰り返される流転

このあとマーベルはピンボール・マシンに放り込まれた玉のように、あちこちにぶつかって跳ね返ることになる。

マクアンドリューズ&フォーブス・ホールディングス代表ロナルド・ペレルマンは企業買収と売却のやり手だった。1985年には敵対的買収で化粧品メーカー、レブロンを手に入れ、一躍注目を浴びている。人の金を注ぎ込んで企業の買収と売却を繰り返し、自分の手元に確実に儲けが転がり込むようにしたのだ。マーベル購入時には自分の持ち金を1050万ドルしか出さず、借用金8250万ドルを充てている。

ペレルマンに買い上げられた1989年から彼が手放す1996年まで、マーベルは株主でも従業員でもコミックのファンでもなく、**ただマーベルを支配する者たちに利益をもたらすため**に、目まぐるしい変化と策略を突きつけられることになる。

1990年10月、長らくマーベルの社長を務めたジム・ガルトンが一線を退き、ロナルド・ペレルマンは後任にテリー・スチュワートを据えた。

企業の吸収合併をいくつも手掛けてきたスチュワートはコミック・ファンでもあり、映画作りに注力したいとして、ケイデンスの役員だったジョー・カラマリをマーベル・プロダクションの最高責任者に指名した。だが、映画業界に大きな動きは起こらなかった。

スチュワートの指示により、マーベルはコミックの定価を上げることにした。売上が落ちないと見ると、さらに定価を上げて、販売に力を注いだ。1980年代初頭は新刊コミックが40万部売れれば大成功と言われる時代だったが、1991年に発刊された『X-フォース』第1巻は400万部近く売り上げた。

マーベルのスタッフはさらに新しいキャラクターと新しい作品を生み出し、売上を伸ばすことが求められた。編集部はきびしい状況下で仕事を進めることになった。

当時販売部長を務めたスヴェン・ラーセンは言っている。

「コミック業界を知らない人たちに、コミックを作り出すのがどれほど大変か理解してもらえるとは思えません」

だが、裏で何が起こっていたかと言えば、上の者たちはコミックは二の次で、マーベルの株式を新規公開しようとしていたのだ。

ペレルマンの策謀

1991年夏、マーベル社は株式の4割を公開した。初日はひと株16ドル50セントから18ドルで230万株が取引された。その後数か月株価は上がりつづけ、ひと株40ドル以上に跳ね上がった。だが、マーベルの新規株式公開で得た利益はマクアンドリューズ&フォーブス・ホールディングスを通じて直接ロナルド・ペレルマンの懐に入り、マーベルに還元されることはなかった。ペレルマンはマーベルを構築しようとしたのではなく、搾り取れるものを搾り取ろうとしていただけだ。

ペレルマンと彼のチームはマーベルを道具として思うままに利用しつづけた。

1992年、トレーディングカードの売上が落ちていたにもかかわらず、トレーディングカードの老舗メーカー、フレア[※16]をマーベルは2億6500万ドルで買収した。現実にはコレクションのブームには陰りが見えて、数千軒ものコミック販売店が閉店に追い込まれていたにもかかわらず、彼らはさらに企業買収を進め、1994年にはステッカー・メーカーのパニーニ・グループ[※17]を、1995年には別のトレーディングカード・メーカーのスカイボックス[※18]を手に入れた。

ペレルマンと彼のチームはどうしてこんなことができたのか？

ダミー会社をいくつも立ち上げて、高利回りだがリスクの高い社債であるジャンクボンド[※19]を売りつけることによって可能にしたのだ。彼らの作り上げた仕組みは非常に複雑で、状況を追跡確認するには法廷会計士が必要だ。

ペレルマンは言ってみれば、ロシアのマトリョーシカ人形を集めるように、いくつも会社を所有していたのだ。すなわち、木製の人形のなかにひとまわり小さな人形が入っていて、そのなかにさらに小さな人形が入っていて、そのなかにさらに小さな人形が……というように、**入れ子式に何社も会社を経営していた**のだ。

現実的には、ペレルマンはマフコという会社を所有するが、マフコはマクアンドリューズ&フォーブス・ホールディングスを子会社に持ち、マクアンドリューズ&フォーブス・ホールディングスはアンドリュースを子会社に持ち、アンドリュースはマーベルを子会社としていた。

同時にペレルマンはマーベルⅢホールディングスとマーベル・ペアレント・ホールディングス

を創業し、マーベルⅢホールディングスとマーベル・ペアレント・ホールディングス2社はアンドリュースの子会社となり、マーベル・ペアレント・ホールディングスは新しく立ち上げたマーベル・ホールディングス（マーベルⅢホールディングスとは違う）を傘下に置いた。

わかるだろうか？

ペレルマンは自身が所有するマーベルのかなりの株式を、ここに挙げた会社にそれぞれ分けて預けていたのだ。そしてどの会社もジャンクボンドを処理するためにマーベルの株を担保にした。

当時マーベルの役員たちが願望として公言したのは、マーベルを世界の五指に入るライセンス会社にしたいということだった。

それはその通りだが、目的を達成するために彼らがしたのは、マーベルに資金注入をすることではなく、そこからただ金を引き出すことだった。だが、マーベルの売上が落ちれば株価も下がったし、時価総額も下がった。ペレルマンがこんなことを好き勝手にやっているうちに、**マーベルはコミック売上でDCにふたたび抜かれてしまった。**

ふたりのイスラエル人

1993年、ペレルマンがあちこちで取引を進めるなか、役員のひとりがトイ・ビズ[※20]という小さな玩具メーカーとのライセンス契約を打ち切ろうと考えた。トイ・ビズは小さ過ぎて、マーベルの大きな商品化計画に対応できないと見たのだ。結果としてこれによってマーベルの歴史は変わり、マーベル・コミックのキャラクターたちが**ついに映画で大成功を収めることになる。**

トイ・ビズは、アイザック・〝アイク〟・パルムッター[※21]が所有していた。パルムッターは1942年にイスラエルに生まれ、兵役後24歳でひと山当てようとアメリカに渡った。ニューヨークに到着すると、ただちに精力的に働き出した。ブルックリン各地の葬儀でヘブライ語で聖書の祈りを唱え、街頭で玩具や化粧品を売りさばいて金を稼いだ。大幅な割引価格で買い上げた余剰株式を再販して利益を得ることも覚えた。倒産が見込まれる会社を買い上げて、利益が見込める部門を切り売りして利益を上げるのだ。

トイ・ビズを買い上げたときも同じことをしようとしたが、この会社は収益を上げられるものにできるのではないかと考えを改めた。

従業員を最小限に抑え、どこかに土地を買い上げて社屋を建てることはせず、ニューヨークにリース契約したささやかなスペースを本部に営業を行い、ライセンスを手に入れると商品の製造は中国で行い、商品はアリゾナの倉庫で保管し、各地の量販店に販売委託した。

こうした努力を重ねた結果、トイ・ビズは劇的に経費を抑えることに成功した。ある専門家の見積もりでは、1990年代中頃には従業員ひとりが年間200万ドル近く利益を上げる会社に成長した。

トイ・ビズを成功に押し上げた重要な社員のひとりに、アヴィ・アラッド[※22]がいた。

「ビジネス界でもっとも成功を収めた玩具開発者」と言われるアラッドもイスラエル人で、パルムッターと同じく兵役後に彼より少し遅れてアメリカに入った。玩具業界で20年間、マテル、ハズブロ、タイコ、ニンテンドー、セガほかの玩具メーカーに対して、合計160以上の商品の支援、開発をしてきた。クリエイティブな才能の持主でキャラクターのフィギュア作りを専門とするが、赤ん坊向けのベビー・バブルやベビー・ローラー・ブレードといったものも手掛けてきた。

アラッドはパルムッターの商才に感服していた。

「何より大切なのは堅実な考えをひとつ確実に推し進めることだと、パルムッターはちゃんと理解していました。たとえばテレビや映画や大きな広告のサポートが得られるのであれば、何年も何年も売れつづける『筋道』が立てられる必要があります。そうやってパルムッター自身も1年に総額300万ドル、ときにはその倍額のロイヤルティ収入を得ていました」

2017年、アメリカのドナルド・トランプ大統領（左）と握手をするパルムッター（右）。実業界だけではなく、政界でも共和党の支持者として影響力を持つ。（写真：AP/アフロ）

パルムッターもアラッドの型にはまらない自由な発想を気に入っていたし、大手の玩具メーカー数社にベストセラーをいくつももたらした実績を高く買っていた。

アラッドはトイ・ビズのCEO（最高経営責任者）に昇りつめた。

マーベルがトイ・ビズとの関係を断ちたいと考えていると知ると、パルムッターはアラッドとともに大胆な提案をした。

トイ・ビズの売上の46パーセントを差し出す代わりに、**玩具製造に関してマーベルのキャラクターの永久使用権の独占契約を求めた**のだ。

加えてマーベルに現金700万ドルを支払い、同社の決定と人事配置に関する条項もいくつか受け入れた。

契約が成立すればトイ・ビズはマーベルにロイヤルティを一切支払う必要がなくなるから利益が見込めるし、トイ・ビズの利益が上がれば当然マーベルへの支払いも上がる。これによってマーベルは通常のライセンス契約よりも多くの利益が期待できる。

両社は合意に至り、アラッドは給料に加えてトイ・ビズの株式1割を得ることになった。

奔走するアヴィ・アラッド

ロナルド・ペレルマンは方向転換をして、自身がトイ・ビズに投資した株式を元に資金を集め、個人会社マーベル・フィルムを立ち上げた。といっても大きな危険を伴う映画産業に参入するつもりはなく、映画制作はほかの会社に任せて、その関連商品から利益を得ることを第一に考えた。

アヴィ・アラッドをこの新会社の会長兼CEOに任命し、ただちに映画会社とのマーベルのキャラクターのプロモーションと各種契約締結にあたらせた。

スタン・リーと一緒に映画制作を進めるうえで、アラッドは最適の人物だった。

アラッドはマーベル・コミックの熱烈なファンで、イスラエルで子供だったときにスパイダーマンとアイアンマンのコミックをヘブライ語で読んだという。

映画の撮影現場でスタン・リー（右）と言葉を交わすアヴィ・アラッド（左）。ビジネスとクリエイティブ双方に通じる、まさにうってつけの人物だった。（Everett Collection/アフロ）

コミックはジャズと同じでアメリカの芸術を代表するものであるとアラッドは考えていたし、マーベルのキャラクターもよく知っていた。すでにX－MENのキャラクターをトイ・ビズの商品にして売り出し、3000万ドルの売上も出していた。

加えてアラッドは**玩具メーカーを映画会社にするという夢も抱いていた**から、最高のタイミングで今日の仕事を迎えることになった。

アラッドはまずリーと一緒に『X－MEN』のアニメ番組[※23]を手掛けた。

この連続番組でキャラクターのセリフに音声をつける作業を担当したのだ。放送が開始されると、たちまち子供向けアニメ番組としていちばん人気を集めた。

さらにアラッドの尽力によって、X－MENはアパレル、トレーディングカード、ビデオゲーム、アクション・フィギュア業界各社に加えて、ピザ・ハットからもキャラクター契約を持ち掛けられた。1993年夏までには、20世紀フォックス社とX－MENの実写映画化契約も取りつけた。

マーベル・フィルムの代表アラッドは、ファンタスティック・フォーの低予算制作映画がほぼ完成状態にあることもつかんだ。

どうやらプロデューサーのベルント・アイヒンガー※24はファンタスティック・フォーの映画化権を1986年に手に入れたが、映画の契約にはよくあることで、主要撮影がある期日までに開始されなければ権利が消滅する状態にあったようだ。

アイヒンガーは大きな予算をかけて映画を作ろうとしてあちこちで資金を工面しつつ、契約更新を求めたが、受け入れられなかった。そこで**映画化の権利が切れてしまう前にわずか100万ドルで作ろうとした**のだ。アイヒンガーは低予算で映画を何本も作り上げてきたロジャー・コーマン（79ページ参照）に助けを求め、版権消滅わずか3日前に主要撮影が開始された。

主要映画会社にマーベルを売り出そうとしていた時期に、人気キャラクターの低予算制作映画が世に出てしまえば大変なことになるとアラッドは見て取り、ベルント・アイヒンガーに連絡して制作中の映画を買い上げると申し出た。アラッドがのちに述べているが、それを**「数百万ドルで買い取り、焼き捨てた」**のだ。

アヴィ・アラッドがハリウッドで映画会社と各種契約締結に駆けずりまわるあいだ、ロナルド・ペレルマンもニューヨークで忙しくしていた。

ペレルマンはさらに資金を集めてマーベル・フィルムをマーベル・スタジオ[※25]に変えると、ハリウッドの映画制作に対してさらに影響力を強めると同時に、マーベルがライセンス許可を出した資産を映画の「開発地獄」から救い出そうとした。

「開発地獄」とは、映画のプロデューサーや制作会社がストーリーや脚本や監督や俳優や契約などについて延々と話しているだけで、一向に制作がはじまらない状態を指す。ファンタスティック・フォーもX－MENもデアデビルもインクレディブル・ハルクもシルバーサーファーもアイアンマンもすべて独占映画化権が売り出されていたが、**何ひとつ映画として完成していなかった**。スパイダーマンは1980年代に入ってすぐに制作が止まってしまった。

ロジャー・コーマンがジェームズ・キャメロン[※26]を起用してスパイダーマンの映画を作ろうとしたが、オリオン、キャノン・フィルムズ、カロルコ・ピクチャーズの3社が映画化権を保持していた。噂によるとキャノン・フィルムズは制作費1000万ドルを費やしたが、結局完成しなかった。最後にMGMが権利を手に入れた。少なくともMGMはそう発表している。

スパイダーマンの権利をめぐって、各社が8年間法廷で争うことになった。

新会社マーベル・スタジオは制作準備段階からすべてコントロールしようとした。彼らが試みたのは、ライター数名に脚本を書かせて、監督も数人候補を出し、俳優たちとも交渉して映画に必要なものを一切合切まとめて大きな映画会社に手渡す、そのうえでその制作会社に映画を撮影し、配給してもらうというものだ。

「大映画会社と仕事をしても、向こうは500くらい作品を制作していますから、こっちの作品はちゃんと扱ってもらえません。望ましいことじゃないですし、もうそんな目には遭いたくありませんよ、ほんとに」とアラッドは『ヴァラエティ』誌の記者に答えている。

「僕らはようやくすべてから抜け出そうとしています。今年はある意味、わたしたちのバルミツヴァ[※27]です」

ペレルマンの要請でアラッドはオーランドのユニバーサル・スタジオと契約を結び、同社のフロリダのオーランド・リゾート内にあるテーマパーク、アイランズ・オブ・アドベンチャーにマーベルのスペースを作ってもらおうとした。

アラッドはユニバーサル・スタジオと映画制作ができることを望んだが、即金を望んだペレルマンはユニバーサルにマーベルの名称使用権を50万ドルで売り渡し、1999年から1年ごとにさらに50万ドルずつ手に入れることになった。

終わりの見えない法廷闘争

だが、マーベルはうまくいかず、1995年は赤字決算を出した。ペレルマンは1996年1月にマーベルの社員1700人のうち275人を解雇した。

それでも状況はさらに悪化し、会社は経営危機に陥った。そのあいだペレルマンは経営者として莫大な負債を抱え、債権者たちに追いまわされて会社の引き渡しを求められた。負債者のひとりでペレルマンと同じように企業買収をいくつも手掛けてきたカール・アイカーン[※28]も、マーベルの公開株式の3分の1を買い上げていた。

ペレルマンはトイ・ビズの残りの株を買い上げてマーベルと合併することで、マーベルの経営状況を改善しようとするが、損失は広がる一方だった。借入は抑えられ、株価は下がり、ペレルマンがトイ・ビズとの合併でふたたび私腹を肥やそうとしたことも明らかになり、彼は株主から集団提訴されることになった。

カール・アイカーンから経営者解任を突きつけられることは避けたい。玩具などの関連商品に対するマーベルのキャラクター独占使用権を持つアイザック・パルムッターの立場も弱めたい。そう考えたペレルマンは、1996年12月に**マーベルを破産申請した。**

ロナルド・ペレルマン、カール・アイカーン、マーベルの多額な負債を抱える銀行数行は、1年にわたってマーベルの支配権をめぐる争いを繰り広げた。パルムッターもマーベルの負債を買い入れていて、すべてを失ってしまう可能性もあったことから、ほかの負債者とともに交渉の席に着くことになった。

倒産に関する法廷判決によると、ペレルマンは10億ドル近くのジャンクボンド（107ページ参照）を発行してマーベルの負債の補填に充てていた。マーベルが株式上場した際に得た配当から、ジャンクボンドを発行した際に自身の持株会社数社に支払われた手数料を引いても、**3億2000万ドルもの額をマーベルから個人的に得ていた**という。

マーベルをめぐる闘争は、きびしく、終わりが見えないものとなった。

ペレルマンからさまざまな提案が出されるが、どれもアイカーンとほかの債権者たちが受け入れることはなかった。ある段階で法廷はアイカーンを支持し、彼が勝訴するように見えた。そのアイカーンはパルムッターとアラッドが自衛のために負債を買い入れたことを知ると、アラッドをマーベル・フィルムのCEOから解任した。それでもパルムッターとアラッドは闘争をつづけた。

アラッドは同じ負債者である銀行関係者の前に語り掛けた。

「アメリカは世界でいちばん創造力のある国ですが、今どれだけのキャラクターが生き残っているか考えてみてください。スター・ウォーズ、あるいはスター・トレックのキャラクターは健在ですが、ずっとわれわれの記憶に残っているほかのキャラクターの名前を挙げるのはむずかしいと思います。わたしは信じて疑いません。スパイダーマンだけで10億ドルの価値があります。なのに、みなさんはこの異常な事態のなかで、カール・アイカーンから3億8000万ドル取ることですべて捨ててしまうおつもりですか？　ひとりのキャラクターだけで10億ドルですよ！　X－MENもファンタスティック・フォーもいます。あのチームのキャラクターがみんな映画になるのです」

結局、アイザック・パルムッターがとりまとめた提案が受け入れられた。トイ・ビズはアイカーンが費やした法廷料350万ドルを負担し、彼に対する訴訟を取り下げる。代わりにトイ・ビズがアイカーンから訴訟を受けることはない。

トイ・ビズはつなぎ融資を得て、負債を抱えていた銀行数行からマーベルを買い上げた。こうして1998年6月、マーベル・エンタープライズはトイ・ビズと合併し、マーベル・エンターテインメント・グループとなり、アイザック・パルムッターがCEOに就任した。

アイザック・パルムッターとアヴィ・アラッドがマーベルを苦境から救い出した。

これでふたりは会社を自由に動かせるようになり、アラッドはついにふたたびマーベルのスーパーヒーローたちを銀幕に登場させる仕事が明確にイメージできることになった。

※1　マリオ・ガベリ（1942〜　）
全米でもっとも影響力のあるストックピッカー（投資家）として、投資会社ガムコ・インベスターズを率いる。現在、フォーブス誌は彼を億万長者のリストの1477位にランクづけしている。

※2　イングマール・ベルイマン（1918〜2007）
スウェーデンの映画監督・脚本家・舞台演出家。形而上学的なテーマを孕んだ脚本に斬新なカメラワークと画面構成が冴え、1957年『第七の封印』『野いちご』、1960年『処女の泉』など傑作を連発。晩年は日常を描く人間ドラマへと関心が移行した。

※3　フェデリコ・フェリーニ（1920〜1993）
イタリアの映画監督。「映像の魔術師」の異名を持つ。妻のジュリエッタ・マシーナをミューズとして『白い酋長』（1952）、『道』（1954）、『カビリアの夜』（1957）などに起用した。

※4　黒澤明（1910〜1998）
世界的にもっとも有名な日本人監督。代表作に『羅生門』（1950、ヴェネツィア国際映画祭金獅子賞）、『生きる』（1952）、『七人の侍』（1954）、『用心棒』（1961）など。

※5　ロン・ハワード（1954〜　）
ハートウォーミングな作風で知られる映画監督。元々テレビの子役スターで『アメリカン・グラフィティ』（1973）でも準主役級だった。監督に転向後は低予算映画でキャリアを積み、2001年の『ビューティフル・マインド』でアカデミー賞監督賞・作品賞を受賞。

※6　キャノン・フィルムズ
1967年創業。1979年にメナヘム・ゴーランが買収し、B級アクション映画のヒット作を連発した。スパイダーマンの映画化権はニューワールド前社長のロジャー・コーマンが持っていたが、期限切れに伴い、マーベルはゴーランに譲渡している。1994年にMGMに統合された。

※7 リパブリック・ピクチャーズ
1935年、モノグラムなど6つのB級映画スタジオを糾合して創業。ジョン・ウェインやロイ・ロジャースが主役のB級西部劇がヒットしたが、基本的に白黒映画しか制作しない堅実経営。ワーナーのルーニーテューンズを担当した名アニメーターであるボブ・クランペットが入社し、戦後の一時期アニメも作成していたがヒットせず、すぐに撤退した。現在はパラマウントの子会社。

※8 似ても似つかないもの
だが、意外なことに、キャプテン・アメリカを思わせるコスチュームを着用している。

※9 『ハワード・ザ・ダック　暗黒魔王の陰謀』
評判はさんざんで、最低の映画を選ぶゴールデンラズベリー賞（ラジー賞）では最低作品賞（『プリンス／アンダー・ザ・チェリー・ムーン』と同時受賞）、最低脚本賞、最低視覚効果賞、最低新人俳優賞の4部門を受賞した。

※10 ジョージ・ルーカス（1944〜　）
アメリカの映画監督、プロデューサー。フランシス・フォード・コッポラが設立したアメリカン・ゾエトロープ社の副社長就任後に撮ったゾエトロープの第1作『THX1138』（1971）が初監督。自らの映画制作会社ルーカスフィルムを設立し、制作・監督した『アメリカン・グラフィティ』（1973）が大ヒット、一躍有名になる。代表作は『スター・ウォーズ』シリーズや『インディ・ジョーンズ』シリーズなど。

※11 グロリア・カッツ（1942〜2018）
脚本家。ユダヤ系。ジョージ・ルーカスの補佐で知られ、夫のウィラード・ハイクとともに『アメリカン・グラフィティ』（1973）『インディ・ジョーンズ　魔宮の伝説』（1984）、『ハワード・ザ・ダック　暗黒魔王の陰謀』（1986）などに脚本家として参加した。また、『スター・ウォーズ　エピソード4　新たなる希望』（1977）では夫とともにルーカスから脚本の修正を依頼され、全体の30％のセリフを手直ししたという。

※12 ウィラード・ハイク（1945〜　）
映画監督・脚本家。妻のグロリア・カッツとともにジョージ・ルーカスの補佐で知られる。『アメリカン・グラフィティ』

（１９７３）、『インディ・ジョーンズ　魔宮の伝説』（１９８４）などを制作、『ハワード・ザ・ダック　暗黒魔王の陰謀』（１９８６）でも監督を務めた。

※13　スカイウォーカー・ランチ
カリフォルニア州マリンカウンティにジョージ・ルーカスが設置したルーカスフィルム本社のある広大な仕事場。スター・ウォーズの主人公にちなんで名づけたこの「大農場（ranch）」は一般公開されておらず、「選ばれし者」しか入れない。

※14　スティーブ・ジョブズ（１９５５〜２０１１）
アップル社の共同設立者のひとり。１９７７年に発売したApple Ⅱが大成功を収めるが、１９８４年に開発を主導したマッキントッシュが深刻な販売不振に陥り、アップルを退職。その後、ルーカスフィルムのCGアニメ部門を買収してピクサーを設立した。１９９６年アップルに復帰、２０００年にCEO就任。その後はiPhoneやiPadを開発。２００６年にピクサーをディズニーが買収したことにより、ディズニーの個人筆頭株主となっていた。

※15　ロナルド・ペレルマン（１９４３〜　）
企業乗っ取り屋として１９８０年代から知られる。１９８７年、投資銀行ソロモン・ブラザーズ社買収の際にはウォーレン・バフェットがホワイトナイトとして立ちはだかる。だが同年化粧品会社レブロンへの乗っ取りを仕掛けた際にはホワイトナイトによる買収防衛策を否認した判決（レブロン基準）によって買収を成功させた。資産は１・５兆円と推測されている。

※16　フレア
１８８５年、フランク・H・フレアによりフィラデルフィアで創業。当初はガムの販売会社だったが、スポーツ・トレーディングカード会社として有名になる。１９９２年マーベルに買収されたが、１９９９年には別会社に売却。

※17　パニーニ・グループ
パニーニ兄弟が１９６１年にイタリアのモデナに設立した。コミックやステッカーやトレーディングカードを販売。

※18　スカイボックス
インペル・マーケット（Impel Marketing）としてノースカロライナ州ダーハムに1989年に設立された。

※19　ジャンクボンド
利息は高いが、紙くずになるおそれも高いハイリスク・ハイリターンの債券（ボンド）の総称。ムーディーズやスタンダード・アンド・プアーズ（S&P）など格付け会社が発表する「信用格付け」が低ランクで、経営が悪化している企業では支払う利息が高くなるとはいえ、ジャンクボンドを利用して資金調達をするしかない。

※20　トイ・ビズ
中堅玩具メーカーとして以前はDCコミックスと玩具製造契約を結んでいた。新たにマーベル・コミックとの契約を望んだが、マーベルがトイ・ビズに投資した直後の1996年に破産したため、トイ・ビズが1998年にマーベルを買収、のちにマーベル・エンターテインメントと改称した。2008年にディズニー・カンパニーによって買収された。

※21　アイザック・〝アイク〟・パルムッター（1942～　）
ユダヤ系アメリカ人の実業家、投資家。マーベル・エンターテインメント会長、CEO。英委任統治領パレスチナ（現イスラエル）生まれ。1976年渡米。ニューヨークの玩具露天商から身を起こし、1990年トイ・ビズ（のちのマーベル・トイズ）を買収、1993年マーベル・コミック会長を務めるが1996年に倒産。1997年にアラッドとともに会社の支配権を取得、トイ・ビズとマーベルは1998年合併。2005年より現職、2009年ディズニーに買収されたあとも、とどまっている（2015年にマーベル・スタジオからは撤退）。ドナルド・トランプとの交友関係は有名。

※22　アヴィ・アラッド（1948～　）
イスラエルに生まれ育つ。実業家、映画プロデューサー。1990年代にトイ・ビズのCEOとなり、その後マーベル・エンターテインメントのチーフ・クリエイティブ・オフィサー、マーベル・スタジオの設立者兼CEOとなった。2003年にアメリカ市民権取得。

※23　『X-MEN』のアニメ番組
フォックス・キッズ・ネットワークで1992年10月31日から放送された。

※24　ベルント・アイヒンガー（1949〜2011）
ドイツ出身の映画プロデューサー。1979年にコンスタンティン・フィルム代表となる。ドイツ映画界でウォルフガング・ペーターゼン監督らと組んでヒット作を送り出し、『ネバーエンディング・ストーリー』（1984）、『薔薇の名前』（1986）で世界にその名を知られる。ハリウッドにも進出、『バイオハザード』シリーズを制作した。

※25　マーベル・スタジオ
マーベル・スタジオの設立は1993年12月。

※26　ジェームズ・キャメロン（1954〜　）
ジェームズ・キャメロンはカナダの映画監督、プロデューサー、脚本家。代表作は『ターミネーター2』（1991）、『タイタニック』（1997）、『アバター』（2009）。

※27　バルミツヴァ
バルミツヴァはユダヤ教で13歳を迎える少年を指す。これで正式に成人としての宗教上の責任と義務が生じる。

※28　カール・アイカーン（1936〜　）
ニューヨーク生まれの投資家。ユダヤ系。1968年にアイカーン・エンタープライズを設立。1兆7000億円のファンドを運営し、企業の経営権を取得する「乗っ取り屋」である。トランプ大統領との交友関係は有名で、トランプ・エンターテインメント・リゾーツの所有者でもある。

ついに
ハリウッドへ

"Just don't do anything I would do, and definitely don't do anything I wouldn't do. There's a little gray area in there, and that's where you operate."

——TONY STARK TO PETER PARKER

(*Spider-Man: Homecoming,* 2017)

僕がしそうなことも、もちろんしそうもないことも、きみはするな。
そのあいだの小さなグレーゾーンがきみの活動エリアだ。

**——トニー・スタークから
ピーター・パーカーへ**

(『スパイダーマン：ホームカミング』[2017])

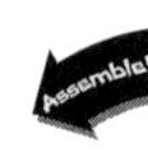

思わぬスマッシュ・ヒット

アイザック・パルムッターはマーベル・エンタープライズを掌握すると、出費を削り、倒産を防ぐために調達した借入金2億ドル返済に向けてできることはすべてしようとした。

締まり屋として評判のパルムッターがまず試みたのは、1990年代に買収したフレアとスカイボックスのトレーディングカード会社2社を買値より安く売却し、運転資金を捻出することだった。

マーベル・コミックスの編集者の数も減らした。マーベルの諸方針を示し、出費を抑え、高給取りの役員には契約解除を言い渡した。同時にアヴィ・アラッドに新たなライセンス契約を進めるように指示した。

マーベルでは「アイザック・パルムッターが大鉈（おおなた）を振るいつづければ、**キャラクターのライセンス契約だけして電話番をひとりだけ置いておけば事が足りる**」というジョークが広がった。

ライセンスの売り込みは、マーベルのスーパーヒーロー実写映画が1998年に初公開されたことでやりやすくなった。ウェズリー・スナイプス[※1]主演で、『ブレイド』[※2]が制作されたのだ。

ウェズリー・スナイプス演じるブレイドとヴァンパイアたちとの戦いを描いた本作は大ヒットし、マーベル・コミックの実写映画化に先鞭をつけた。（写真:Everett Collection/アフロ）

ニュー・ライン・シネマ[※3]と「吸血鬼ハンター」ブレイドに関するライセンス契約が交わされ、4500万ドルの予算が組まれて1997年に制作が開始された。ブレイドは決してメジャーなキャラクターではなく、初登場したのは1973年刊行のマーベル・コミック『ドラキュラの墓[※4]』第10号だった。

ところが映画は予想以上にヒットし、公開第1週に1700万ドルを、最終的にはアメリカとカナダで7000万ドル、**全世界で1億3100万ドルの興行収入を上げた。**

『ブレイド』の大ヒットにもかかわらず、マーベルが手にしたのはわずか2万5000ドルで、負債返済の足しにもならなかった。

だが、これが大きな一歩となった。アラッドは映画業界に対してマーベルのキャラクターは十分に魅力的であるとついに証明したのだ。

「『ブレイド』が成功するとは思いませんでした」とアラッドは話している。大衆向けでない要素もそろっていた。コミックの映画化である上に、キャラクターはそれほど知られていない。ホラーものだし、主役は黒人で、R指定もつけられた。だが、ヒットしたのだ。

「ここで初めて、マーベルのキャラクターには何かあると映画業界に認識されたように思います」

パルムッターのもとでマーベル・エンターテインメントを動かし、初めてマーベルのスーパーヒーロー映画を大ヒットさせたことで、アラッドはマーベルを次のレベルに引き上げることを考えた。

アラッドが最初に映画業界に近づいたとき、話を聞いてくれる人はまずいなかった。

「当時何をしたかと言えば、山に登っておりてきただけでした」とアラッドは言う。

「業界はコミックが映画の題材になるなんて考えていませんでしたから、頂上まで登り、もと来た道をただおりてきただけです。きびしい道のりでしたが、誰かがそれをしなければ誰も説得できませんでした。映画会社を説得するのはほんとに大変なことでした……コミックにようやく目を通してもらえても、その魅力はわかってもらえませんでした」

マーベルはどうにか倒産をまぬがれたものの、ライセンス市場は干上がっていた。以前より期待できる状況にあったが、マーベルはまだ現金が必要だった。スパイダーマンの一連の権利問題が解決すると、ソニーにマーベルのほぼ全キャラクターの映画化権を2500万ドルで持ち掛けた。ソニーはこれを拒絶、スパイダーマンのみの契約を求めた。アラッドとパルムッターはほかに興味を示してくれそうな映画会社を探したが、不発に終わった。そこでふたたびソニーと対話し、スパイダーマンの映画化権を2000万ドルで打診した。

両社は合意に達し、**マーベルは1000万ドルでソニーに映画化権を与え、ソニー傘下の映画会社コロンビア・ピクチャーズが制作するスパイダーマン映画の収益から5パーセントを手にすることになった。**だが、マーベルはスパイダーマンの関連グッズの売上をすべて手にすることはできず、ソニーと折半することになった。

X-MENで次の一歩を踏み出す

1999年、20世紀フォックスは『X-MEN』の撮影を開始した。

予算は７５００万ドルで、１９９８年公開の『ブレイド』より多いが、当時の大きな予算をかけて作られた多くの映画に比べれば少額だった。

制作準備は困難を極めた。のちのマーベル映画の監督も務めるジョス・ウェドン[※5]を含め多くのライターから寄せられた28もの脚本原稿を吟味し、主役のウルヴァリンにヒュー・ジャックマンが決まったのは撮影開始後のことだった。

監督はブライアン・シンガー[※6]が務めることになった。シンガーには何度となく話を持ち掛けていたが、そのたびに断られていたのだ。シンガーは当初コミックを「知的ではない文学」と考えていたが、『Ｘ-ＭＥＮ』を数冊読み、アヴィ・アラッドが制作に参加した一連のアニメーション・テレビ番組（１０８ページ参照）を見て、仕事を引き受けることにした。『Ｘ-ＭＥＮ』に偏見と差別の問題を見て取り、このふたつをつなぎ合わせ、のけ者（アウトサイダー）にされるミュータントたちの苦しみを描き出そうとしたのだ。だが、Ｘ-ＭＥＮのユニフォームなどは、オリジナルのコミックとは違うものにしたかった。

アヴィ・アラッドはスタン・リーとともにたびたびシンガーに会い、Ｘ-ＭＥＮのキャラクターたちとコミックの世界に関してアドバイスした。コミックの本質と味わいを映画で忠実に再現してほしかったのだ。

フォックスとの契約締結に一緒にあたったローレン・シュラー・ドナー[※7]も制作者として加わ

ることになった。彼女は20代半ばのアシスタントを連れてきたが、この男性は『X－MEN』のコミックによく通じていて、コミックのすばらしさを映画で再現したいと考えていた。

この若いアシスタントはケヴィン・ファイギ、※8 のちに**マーベルの歴史を担う重要人物となる。**

このアシスタントはただものではない

ケヴィン・ファイギはマサチューセッツ州ボストンに生まれ、ニュージャージー州ウエストフィールドで育った。

映画業界以外の職業は考えたことがなく、ジョージ・ルーカス、ロン・ハワード、ロバート・ゼメキス※9ほか敬愛する映画監督を何人も輩出した南カリフォルニア大学（USC）に進学した。

南カリフォルニア大学には入学できたが、映画芸術学部に5回進学希望を出すものの、受け入れてもらえなかった。家族にも友人にも別の仕事を探すように勧められるが、あきらめきれずにもう一度挑戦し、6度目にして念願の映画芸術学部で学べることになった。

ファイギは映画学生になり、優秀な学生たちが映画会社でインターンとして働いていることを知った。南カリフォルニア大の映画芸術学部の学生と言えば、業界で仕事をするうえで必要な貴重なことが無料（ただ）で学べるのだ。

募集されているインターンの仕事を見ると、ドナー／シュラー＝ドナー・プロダクションズの仕事が目にとまった。

リチャード・ドナーとローレン・シュラー・ドナー夫妻の映画制作会社だ。リチャード・ドナー[※10]は『グーニーズ』（1985）や『リーサル・ウェポン』（1987）や『スーパーマン』（1978）などの監督であるし、ファイギにとって『スーパーマン』は「最高のスーパーヒーロー映画」だった。ただちにそれに応募し、数日後にローレン・シュラー・ドナー・プロダクションズのインターンとして迎えられた。

最終学年の最終学期に、給与が支払われる映画制作アシスタントとして残るように求められた。**業界で誰もが経験する最初の地位を得た**のだ。そして卒業にあたって、ふたりのどちらかを選ぶように求められた。リチャード・ドナーもローレン・シュラー・ドナーもアシスタントを必要としていたのだ。ファイギはどちらにつくか選ばなければならない。

ファイギはそのときのことを覚えている。

「2年前の最初の日だったら、『リチャード・ドナーのアシスタントになります！』と即答したと思う」

だが、リチャードがディレクターとして活躍していたときからずいぶん時間が経っていた。

「でも、ローレンは毎日会社に出てきて、いくつかのプロジェクトを同時進行して映画も数

2016年、『シビル・ウォー/キャプテン・アメリカ』のプレミアに参加するファイギ。マーベル映画における最重要人物のひとりである。（写真：Jordan Strauss/Invision/AP/アフロ）

本作っていた」とファイギは言う。

ファイギはローレン・シュラー・ドナーのアシスタントになることにしたのだ。

「会社の要職に就いている人たちはみんなローレンのアシスタントを務めていたこともわかったし、ローレンに受け入れてもらえたのは運がよかったとしか言いようがない」

ローレン・シュラー・ドナー のアシスタントとして、ケヴィン・ファイギは『ボルケーノ』(1997)、『ユー・ガット・メール』(1998)の制作に加わった。

『ユー・ガット・メール』では、メグ・ライアン[※11]にEメールの送受信方法を教えた。

シュラー・ドナーは『X-MEN』の制作に入ると、ファイギがコミックのことをよく知っているとわかったので、『X－MEN』のコミックをすべて読むように命じた。

映画の脚本が上がってくると、ファイギはコメントをつけた。

「ローレンは本当に面倒見のいい、すばらしい人で、僕のコメントを全部読んでくれたよ。そのあと声をかけてくれたんだ。『ケヴィン、あとでわたしの部屋に来てちょうだい』と。行ってみたら、『X－MEN』のプロデューサー、トム・デサント[※12]と、監督に決まったばかりのブライアン・シンガーがいて、僕も制作チームに加えてもらったんだ」

ウルヴァリンをクールに演出

『X－MEN』の制作に入ると、ファイギはすぐにウルヴァリン演じるヒュー・ジャックマン[※13]の髪をヘアスタイリストとともにセットすることになった。

コミックは全部読んでいたから、そこに描かれているウルヴァリンの髪と同じようにサイドもトップもすべて後ろに流れるようにするのがいいと思い、スタイリストにはそのように最初から強く求めた。

「わかった！」

ファイギはスタイリストがいらついて答えたのを覚えている。

「そしてかなりイカれた髪形にしてくれたよ。『X－MEN』第1作ではやたら髪が大きく見えるけど、あれがまさにウルヴァリンだ！」

ファイギはこの映画のアシスタント・プロデューサーに抜擢され、**アヴィ・アラッドに強力な印象を植えつけた**。アラッドはその後機会があるたびにファイギを映画制作会社に引き合わせて、マーベルのキャラクターを最大限魅力的に見せるように求めた。

『X－MEN』は2000年のクリスマス・シーズンに公開の予定だったが、20世紀フォックス社が大きな予算を投じたその夏公開予定の映画が落ちてしまったことで、6月に前倒し上映されることになった。『X－MEN』は公開第1週で5400万ドル、最終的にアメリカとカナダで1億5700万ドル、全世界で2億9600万ドルの興行収入を上げた。

アラッドはアイザック・パルムッターにエリス島で行われる『X－MEN』のプレミアに出席するように求めた。アラッドにすれば、夢がかなったのだ。

「アイクとわたしの移民者ふたりが成功を遂げてエリス島に向かうのです。ふたりが乗ったボートが自由の女神像を過ぎました。アメリカン・ドリームを実現したのです！」

だが、パルムッターにすれば惨劇以外の何物でもなかった。映画公開が早まったことで、**封切にあわせて発売しようとしていた関連グッズが間に合わなくなってしまった**のだ。

加えて、アラッドが破産前に結んだ契約により、マーベルに興行収入はまったく入らなかった。さらに映画は原作コミックとストーリーが完全に変わっていたことで、コミックの売上も伸び悩んだ。前倒しで上映され映画にあわせてさまざまな商品プロモーションを予定していたのに、何ひとつできなくなった。

アラッドがハリウッドで映画会社数社と契約を結ぼうと奮闘をつづける一方で、ニューヨークではコミックをめぐって**編集者とライターが対立していた**。スタン・リーとスティーブ・ディッコ[※14]がスパイダーマンの制作者は誰であるか、たがいの主張を突きつけていたのだ。

そしてアイザック・パルムッターはマーベルが利益を生み出す方法を模索していた。

サム・ライミにアドバイスは不要

幸運なことに、これと同じ時期に変革も起こりつつあった。

映画業界の人たちのなかから、**コミックを映画にしたいと本気で考える者が出てきた**のだ。アラッドは言う。

「うれしいことに、若い世代の人たちは絵や脚本や映画制作などを学ぶ学校に通い出していました。コミック文化をこよなく愛する人たちはたくさんいて、この人たちが何かはじめようとしていたのです」

コミック世代の映画制作者たちは各種パーティでマーベルの編集者と談笑しながら、コミックのコンテンツを映画にできないか本気で考えていたのだ。

こうしたコミック世代のひとり、サム・ライミ[※15]が、『スパイダーマン』(2002)の監督を務めることになった。ライミはコミックを2万5000冊所持していて、特にスパイダーマンの大ファンだった。

ライミはSF映画とホラー映画をすでに数本手掛けていた。監督としてのその時点の最大の話題作は、8000万ドルの制作費を費やしたヒューマン野球ドラマ『ラブ・オブ・ザ・ゲーム』(1999)で、最大のヒット作は全世界で4900万ドルの興行収入を上げたスーパーヒーロー映画『ダークマン』(1990)だった。

だが、『スパイダーマン』には特別な思い入れがあった。今度もアラッドがファイギを連れてライミのもとを訪れたが、**ライミにアドバイスは必要なかった。**マーベルのスパイダーマンのふたつの物語から書き上げられた脚本を元に、ライミは2001年1月から撮影に入った。

オリジナル・コミックとは大きく異なる点があって、映画ではトビー・マグワイア[※16]演じるスパイダーマン／ピーター・パーカーは被爆したクモにかまれたことで両手首からクモ糸を打つことができると設定された。

オリジナル・コミックでは自分で作り出したウェブ・シューターから打てることになっていて、この変更はコミック・ファンには好意的に受け止められなかった。

ファンから反論を受けたライミの説明は、「テープ・メーカー大手の３Ｍ（スリーエム）も作れないような粘着性の強いクモ糸を、高校生のピーターが休み時間に作り上げたとするより、信憑性があると思う」というものだった。

『スパイダーマン』は２００２年４月に公開され、大ヒットした。

封切日に３９００万ドルの興行収入を上げ、これまでの記録を塗り替えた。公開第１週で興行収入１億ドルを初めて突破し、最終的に全世界で８億２５００万ドルを記録した。

空前の大ヒット作品となり、映画業界の誰もが手のひらを返したように受け入れた。

誰もが**スーパーヒーロー映画はいける、大きな利益を生み出せると認めた**瞬間だった。

スパイダーマンをめぐるソニーとの暗闘

『スパイダーマン』の大ヒットにもかかわらず、マーベルは思ったほどの収入が得られなかった。ソニーから最初に１０００万ドル、２００２年のロイヤルティ収入として１１００万ドル支払われただけである。確かにマーベルのキャラクターのグッズの売上は２００２年に69

パーセント上昇し、1億5500万の利益を得たが、契約通り（115ページ参照）このうちの大半をソニーときっちり折半しなければならなかった。

「ビジネスがわかってくると、5パーセントのロイヤルティはわずかなものだし、DVDの契約はさらに人をバカにしたような額でした」とアラッドは言う。

それからアラッドは契約改善に乗り出すが、うまくいかなかった。

せめてマーベルは純利益ではなく総売上に対してロイヤルティ収入を得られるように求めた。映画制作会社は映画がかなりの収入を生み出したにもかかわらず、純利益はそれほどではないと言い訳することがよくあるからだ。

だが、アラッドがさらに腹立たしく思ったのは、ソニーが示したスパイダーマンが売れているのはソニーあってのことであり、マーベルはこれまで何もしてこなかったという不遜な態度だ。

「ソニーはスパイダーマンは自分たちのものであるというような顔をしました。スパイダーマンはマーベルのものなのに、あのキャラクターの利益を全部吸い取ろうとします」

アラッドは不満を漏らし、ただちに対抗策を取る。アイザック・パルムッターに8万ドル工面してもらい、**マーベルのロゴを打ち出すアニメーション映像**を作ることにしたのだ。

パルムッターはそれでどうなるかわからなかったが、アラッドは頼み込んで制作資金を出してもらった。こうしてコミックをめくるイメージからはじまってマーベルのキャラクターが順に登場する、あのマーベル・スタジオ・アニメーション映像[※17]が作り出され、『スパイダーマン』から**すべてのマーベルのヒーロー映画の冒頭に使われる**ようになった。以来、新作ができるたびにそこで最新版を見ることができる。

マーベルはソニーにさらに5000万ドルとライセンス契約の破棄を求めた。

マーベルの主張はこういうものだった。

ソニーがキャラクター・グッズの収益50パーセントも得るのは不当だ。スパイダーマンはマーベルが保持しているにもかかわらず、ソニーはこのキャラクターをマーベルから切り離そうとしている。

これに対してソニーは反訴し、マーベルは健全な交渉の場に着こうとしないと主張した。

2004年、ソニーとマーベルは和解した。

両社は詳細を明らかにしていないが、ソニーは映画であろうと映画に関するものでないにしろ、あらゆるものに対し、**スパイダーマンはマーベルのキャラクターであると認めた**。そしてスパイダーマンのキャラクター・グッズの利益をマーベル75パーセント、ソニー25パーセントの割合に改めることにした。

スクリーンになだれ込むヒーローたち

『スパイダーマン』が映画館に登場した2002年、マーベル・エンタープライズの赤字はついに止まった。『スパイダーマン』が大ヒットするまでマーベルに近づくことはなかった映画関係者たちが、マーベルのスーパーヒーローたちのライセンス契約を求めて寄ってくるようになった。その年には『ブレイド2』（ニュー・ライン・シネマ配給）も公開された。

そしてその翌年からスーパーヒーロー映画が続々と作られることになる。

2003年
『**X-MEN2**』（20世紀フォックス）
『**デアデビル**』（20世紀フォックス）
『**ハルク**』（ユニバーサル・ピクチャーズ）

2004年
『**パニッシャー**』（ライオンズゲート・アンド・アルチザン※18）

『スパイダーマン2』（コロンビア映画）
『ブレイド3』（ニュー・ライン・シネマ）

2005年
『エレクトラ』（20世紀フォックス）
『巨大怪物 マンシング』（ライオンズゲート）
『ファンタスティック・フォー』（20世紀フォックス）

2006年
『X-MEN ファイナル ディシジョン』（20世紀フォックス）

2007年
『ゴーストライダー』（コロンビア映画）
『スパイダーマン3』（コロンビア映画）
『ファンタスティック・フォー 銀河の危機』（20世紀フォックス）

加えて、ほかにもマーベルのキャラクターを扱った多くの映画があらゆる制作会社で進行中だ。こうしたスーパーヒーロー映画の結果はさまざまだった。

大ヒットしたものもあれば、期待通りにはいかなかったものもある。

『X－MEN』3作は合計20億ドル、『スパイダーマン』3作は合計25億ドルの興行成績を記録した。

『ファンタスティック・フォー』と『デアデビル』はまずまずの収益を上げた。

ハルクも利益を生み出したが、期待したほどではなかった。『パニッシャー』『エレクトラ』は大失敗に終わった。

3000万ドルの制作費を費やした『巨大怪物　マンシング』は、全世界で1000万ドルの利益も上げられなかった。

この時期、マーベルのスーパーヒーローたちは映画業界に次々となだれ込んでいくが、マーベルの知的財産であるキャラクター・ライセンスを利用する映画制作会社5社にほとんど利益を取られてしまい、アラッドもパルムッターも不満を募らせた。

たとえば『X－MEN』3作は20世紀フォックスに20億ドルをもたらしたが、マーベルの手元には2600万ドルしか入らなかった。

これは**総売上の2パーセントにも満たない**。

アラッドが映画会社とこうしたマーベルのキャラクターのライセンス契約に駆けずりまわっていた頃、スタン・リーの映画業界とマーベルでの役割は減りつづけていた。

さまようスタン・リー

映画制作で監督やプロデューサーにマーベルのキャラクターたちとその世界についてアドバイスしたり、映画にカメオ出演したりすることもあったが、**契約締結や映画制作の場に就くことはもはやなくなった。**

これに不満を感じたリーはほかのことをしようとした。書いた。オンライン・コンテンツを扱うスタン・リー・メディアを立ち上げたが、これは失敗した。そのあと自身の制作する映画やテレビ番組やビデオゲームを売り込む会社、ＰＯＷ！エンターテインメントを興したが、こちらも思ったようにはいかなかった。

２００２年、リーはマーベル・エンタープライズとマーベル・キャラクターズを相手取り、１０００万ドルの訴訟を起こした。申し立てによると、リーはアイザック・パルムッターと１９９８年に交渉し、自分はマーベルの名誉会長として毎年相当な給料が支払われ、妻も年金を手にし、さらに今後のマーベル社の映画とテレビの利益の10パーセントを得ることになっているはずだが、その通りに履行されていない。

『コミック・ジャーナル』誌はこの訴訟を、**カーネル・サンダースがケンタッキー・フライド・チキンを訴えたようなものだ**と評した。

2005年、マーベル・スタジオはスタン・リーと和解に至ったと発表した。リーは1000万ドルを得て、給料も毎年継続して手にするが、マーベルに対する今後の権利は生じないというものだった。だが、その後2007年、スタン・リー・メディア・グループはマーベル社に対し、10億ドルの訴訟を起こした。

これは最終的に、2019年、ディズニーがマーベルを買収して、POW!エンターテインメントの一部門と契約を交わすことで決着を見た。ディズニーはリーを相談役に迎えてPOW!エンターテインメントに毎年125万ドル支払うことも受け入れた。

これによってスタン・リーは今後すべてのマーベル映画にカメオ出演し、契約自体もリーが2018年11月に没するまで保持されることになった。

マーベルが映画を作ればいいのでは?

アヴィ・アラッドは映画で利益を上げるもっといい方法がないか探っていたが、そんなときにライオンズゲート・アンド・アルチザンの最高経営者アミール・マリンからたずねられた。アラッドはこの人物と2000年にマーベルのキャラクターに関するライセンス契約を交わしているが、次のように聞かれたのだ。

「御社が資金を工面して御社の映画をお作りになったらいかがですか？　御社はこれほどすばらしいブランドをお持ちですから、最大限の利益を得られるのではないでしょうか？うまくいけば、御社の時価総額は数十億ドルに跳ね上がります」

アラッドはマリンの言う通りだと思い、「マーベル・ワールド」設立プランをアイザック・パルムッターに持ち掛けた。

だが、パルムッターはマーベル・エンターテインメントのCEOとして、**映画は当たれば大きいが、外れればすべてを失う**とわかっていた。経営を危うくしてまで大金を注ぎ込む気はなかった。

アラッドはマーベルが独自に映画作りできるようにパルムッターを説得できなかったが、ほかの人がしてくれた。

デューク大学とハーバード・ビジネス・スクールで学んだデイビッド・マイゼル[※19]が、クリエイティヴ・アーティスツ・エージェンシーを経て、ディズニー社に加わったマイケル・オーヴィッツ[※20]とその頃一緒に仕事をしていた。マイゼル自身はリヴェント[※21]やエンデヴァー・タレント・エージェンシー[※22]で劇場プロデューサーを務めていた。

マイゼルはマーベルの経営状況とライセンス契約を確認し、映画が次々に作られればキャラクター・グッズがたくさん売れて利益が上がるという期待を元に、マーベルは各社とライセンス契約を結んでいることを理解した。

だが、もしマーベルが自ら映画を制作、保持すればどうなるか、試算したのだ。

加えて、オリジナル・コミックで昔から起こっているように、**マーベルのあらゆるキャラクターが映画に大集合したら一体どれだけの破壊力が期待できるか**、それもシミュレーションしてみた。

マイゼルは優秀なビジネスマンとして知られているが、創造力にも自信があった。プロデューサーになりたいという願望があったし、コミックも好きで何でも知っていた。ジョージ・ルーカスがルーカスフィルムを立ち上げて『スター・ウォーズ』を作り上げたように、マーベルも独自の映画を制作してはどうかとアラッドに提案したのだ。

アラッドはマイゼルをパルムッターに引き合わせた。

マイゼルはパルムッターとフロリダで面談し、マーベルは現在5パーセントの興行収入を得ているが、自分はそれより多くを差し出すことができると持ち掛けた。さらに、マーベルが独自に映画制作を進められるようにしたいと伝えた。そのためにどんなこともするし、実現すれば、マーベルは制作した映画の興行収入を100パーセント得られるのだ。

マイゼルは言った。

「マーベルの映画はマーベルのキャラクターと物語を愛し、最高のものにしようと心から思う人たちが作るべきです。ほかにも多くの映画を作りながら、100万ドルの利益をもたらせない人たちに任せるべきではありません」

パルムッターはその通りだと思ったに違いない。

マイゼルを受け入れて新たに立ち上げたマーベル・スタジオの社長兼最高執行責任者に任じ、CEOのアヴィッド・アラッドと任務にあたらせることにしたのだ。

マイゼルはパルムッターとマーベルの役員から、会社が損をしない限り計画を進めてよいとの承認を得た。

パルムッターとアラッドの支援を受けて、マイゼルは計画を進めた。マイゼルは理論づけた。

マーベルはマーベルのキャラクターをただで使うことができるし、キャラクター商品の売上を映画制作会社と折半する必要もない。

であれば、たとえ映画が大ヒットしなくても、これまでよりはるかに多くの収益が期待できる。

「これまでのマーベル映画と同じくらいの興行収入が上げられる映画を作ることができれば、あるいはそれより多少数字が悪くても、数百万ドルは確実に手にできるはずです」

計画を練りながらマイゼルがまずマーベルに求めたのは、すでに交わした契約の凍結だ。マーベルはまさにその頃ワーナー・ブラザースとキャプテン・アメリカに関するライセンス契約を、ソニーとソーについてのライセンス契約をするところだったが、どちらも止めてもらった。

「半年あるいは3か月遅ければ、契約は成立していたでしょう。そうなっていたら、マーベルのキャラクターの大集合は実現できませんでした」

次にしなければならなかったのは、自分の考え方が正しいと証明することだ。ライオンズゲートと契約を交わし、低予算でアイアンマンとアベンジャーズのアニメーション映画を作り、ＤＶＤとして発売することにしたのだ。ライオンズゲートは制作費をすべて負担し、収益をマーベルと折半することを受け入れた。

「これで公言することができました。『マーベルの知的財産であるキャラクター・ライセンスは計り知れない価値があります。お金を全額出してくれる人がいるのですから、僕らは制作管理をして、上がりを半分頂戴すればいいのです』」

キャラクターを担保に入れて大勝負

だが、デイビッド・マイゼルはイメージ通りの映画制作会社を作り上げることはできなかった。もっといろんなことを考えなければならず、まずは資金援助を求めてウォールストリートに出向いた。

2005年、経済バブルがつづいていて、ウォールストリートは新たな投資先を求めていたから、どこに行ってもマイゼルの申し出は受け入れられた。投資家は誰もが映画業界で仕事をしようとする人に大きな期待も寄せていたのだ。

マイゼルは1年かけて望み通りの契約を交わすことができた。

2005年4月、マーベルはマイゼルが交わした契約を発表した。

それによると、メリルリンチはマーベルに5億2500万ドルの資金を援助し、PG－13指定[※23]の映画であろうと、マーベルが望めばどんな映画にも最大1億6500万ドルの追加支援を出す。マーベルが資金を用意する必要はなく、リスクも負わない。

加えて、マーベルはキャラクター商品のすべての権利とグッズの売上全額を手にする。さらに知的財産保持のため、独自のフィルムライブラリーを立ち上げ、マーベルの全キャラクターを管理する。

マイゼルは自分が交わした契約が「あまりによ過ぎて信じられません」と述べている。

なぜメリルリンチはそこまで資金を出すことにしたのか？

マイゼルはどうやってこの契約を引き出したのか？

マーベルの株式でないものを担保にしたからだ。

マーベルのキャラクターそのものを担保にしたのだ。

アントマン、アベンジャーズ、ブラックパンサー、キャプテン・アメリカ、ドクター・ストレンジ、ホークアイ、ニック・フューリー、パワーパック[※24]、シャン・チー[※25]を**まとめて差し出した**。

マーベルはこれらのキャラクターのいずれかを、あるいは何名か組み合わせて使い、映画を4本撮影する。制作映画が失敗して貸付金の返済ができなければ、使用しなかったキャラクターの映画化権はメリルリンチが保持する。

だが何があろうとも、マーベルはキャラクター商品の利益は保持する。そしてメリルリンチがマーベルから取り上げたキャラクターの映画化権をほかの制作会社に売り渡して映画が作られたとしても、興行収入の5パーセントはマーベルが手にする。マーベルは以前の契約にもこの条項を入れていた。マイゼルは言う。

「手に入れたキャラクターで映画を作ろうとしても、売上の5パーセントをマーベルに支払わないといけないのです。現在の契約状況より悪くなるとは考えられませんでした」

アヴィ・アラッドが望んだのは、次のことだった。

映画が失敗しても、収益の5パーセントは確保する。

映画の公開時期を決定し、グッズがいちばん作られそうなキャラクターを起用し、関連商品から多額の収入を生み出す。

マイゼルは控えめに、映画1本につき関連商品だけで、2500万ドルから5000万ドルは得られると弾き出した。そしてメリルリンチには4度チャンスを与えてもらえる。だが、マイゼルはこうも言った。

「うまくいけば、数十億ドル手に入ります」

映画業界の者たちが考えたのは、マーベルは最高のキャラクターたちを出しているわけではないので、契約はむずかしく、危険なものになるだろうということだった。

『ロサンゼルス・タイムズ』のあるライターは書いている。

「ハリウッド映画シリーズを立ち上げるとして、このスーパーヒーローたちは十分に魅力的だろうか?」

マイゼルは信じていた。**マーベルは、マーベルだからこそ、比較的マイナーなキャラクターでも最高の映画ができる。**マーベルのことが十分にわかるのは、マーベルしかいない。

アラッドはさらに自信に満ちていた。

「われわれ以上にマーベルのキャラクターを映画で生き生きと躍動させることのできる者はいません。必ず期待通りのものが得られるはずです」

一度関係がうまくいかなくなったことはあった。2005年春、契約を交わす段になって、メリルリンチが及び腰になったのだ。メリルリンチは方針を変えて、マーベルに映画制作費の3分の1を出すように求めた。マーベルの役員会は頑として譲らず、危険を冒して資金を映画に費やすつもりはなかった。

契約が白紙に戻され、マーベル・スタジオが大きな機会を逸する可能性もあった。だが、業界を知り尽くし、クリエイティブな才能も持ち合わせていたアヴィ・アラッド、デイビッド・マイゼル、ケヴィン・ファイギの3人は、状況をうまく収めた。

アメリカとカナダにおいては、映画の配給は普通、ひとつの映画制作会社が行う。だが、ほかの国では、複数の会社が入札で競い合って得ようとする。アラッドとマイゼルとファイギは外国での配給権を先行して売り出すことで資金が得られるし、独立制作会社はこれによって資金繰りをしていることもつかんでいた。そして3人はこれを試みた。

ファイギは言っている。

「外国の映画配給会社に何度も売り込んだ。僕らは外国での配給権を先に売り出して買ってもらい、十分な資金を得なければならなかったからね。そして完成保証証券[※26]を発行してくれる会社が出てきたんだ」

完成保証証券が得られたことで、資金の目途が立ち、メリルリンチの要求に応えることができるが、入金は映画が配給されてからになる。メリルリンチはそれで十分だった。

2005年9月に資金は集まり、マーベル・エンタープライズはマーベル・エンターテインメントに社名変更した。

いよいよ**マーベル・スタジオがマーベルの映画を作り出す。**

※1　ウェズリー・スナイプス（1962〜　）
1986年映画デビュー。『メジャーリーグ』（1989）で一躍トップスターに。アクション映画で活躍、『ブレイド』シリーズがヒットした。脱税により2010年に禁固3年の実刑判決が確定し、マッキーン連邦刑務所に収監。出所後、映画『エクスペンダブルズ3 ワールドミッション』（2014）などで俳優業に復帰。

※2　ブレイド
1973年の『ドラキュラの墓』で初登場。本名エリック・ブルックス。母が妊娠中に吸血鬼に襲われたため、胎内にいたエリックは吸血鬼と人間の特質を兼ね備えて生まれる。吸血鬼に復讐心を抱き、ヴァンパイアハンターとして活動。日光の下でも活動できる利点の反面、吸血衝動に苦悩する。1998年に『ブレイド』として映画化され、2002年、2004年には続編も制作された。

※3 ニュー・ライン・シネマ
1967年ニューヨークで創業。B級ホラー映画路線を走っていたが、1993年、制作部長にマイケル・デ・ルーカが着任してからジム・キャリー、マイク・マイヤーズ、アダム・サンドラーらコメディアンと組んでヒット作を連発。また、デビッド・フィンチャー、ポール・トーマス・アンダーソンなどの名監督を発掘した。2001年には『ロード・オブ・ザ・リング』が大ヒット。2008年ワーナー・ブラザースに吸収された。

※4 『ドラキュラの墓』
『ドラキュラの墓』(The Tomb of Dracula) はマーベル・コミックのホラー・シリーズで、1972年4月から1979年8月まで刊行された。

※5 ジョス・ウェドン（1964～ ）
ジョス・ウェドンは『アベンジャーズ』(2012) や『アベンジャーズ／エイジ・オブ・ウルトロン』(2015) などの監督と脚本を担当した。

※6 ブライアン・シンガー（1965～ ）
ニューヨーク市出身、ユダヤ系の映画監督。1995年『ユージュアル・サスペクツ』で一躍注目を浴び、大作映画『X-MEN』の監督に抜擢された。その後、『X-MEN2』『スーパーマン リターンズ』『X-MEN：アポカリプス』を監督。2018年の大ヒット映画『ボヘミアン・ラプソディ』では監督を途中降板した。

※7 ローレン・シュラー・ドナー（1949～ ）
過去40年間で、ハリウッドでもっとも成功したプロデューサーのひとり。『レディホーク』(1985) のプロデューサーとして監督のリチャード・ドナーと出会い、同業の夫を捨ててドナーと再婚。以後は『プリティ・イン・ピンク』(1986) などの青春コメディをはじめ、『X-MEN』シリーズ、『デッドプール』(2016) などヒット作を連発。

※8 ケヴィン・ファイギ（1973～ ）
南カリフォルニア大学時代にローレン・シュラー・ドナーのインターンとなる。彼女の制作映画『X-MEN』(2000) でアソシエイトプロデューサーに抜擢され、それ以降、多くのマーベル原作の映画に参加。2007

年にマーベル・スタジオの社長に就任。ＭＣＵ（マーベル・シネマティック・ユニバース）の全作品でプロデューサーを務め、『アベンジャーズ／エンドゲーム』は世界歴代1位の興行収入を記録。

※9　ロバート・ゼメキス（１９５２〜　）
映画監督、脚本家。１９８５年、『バック・トゥ・ザ・フューチャー』のヒットで監督として名を上げ、１９９４年の『フォレスト・ガンプ　一期一会』では、アカデミー作品賞・監督賞を受賞した。

※10　リチャード・ドナー（１９３０〜）
ニューヨーク生まれ。俳優からテレビドラマの演出家に転向し、１９６１年に映画監督としてデビュー。代表作は『リーサル・ウェポン』シリーズ、『スーパーマン』シリーズ。近年はプロデュースが専らで、撮影現場からは離れている。

※11　メグ・ライアン（１９６１〜　）
両親は教師で本人はジャーナリスト志望だったが、スカウトされてニューヨーク大学を中退。『インナースペース』（１９８７）で人気を獲得し、１９８９年『恋人たちの予感』が大ヒット。それ以降もトム・ハンクスと共演した『めぐり逢えたら』（１９９３）や『ユー・ガット・メール』（１９９８）でヒットを飛ばした。

※12　トム・デサント（１９６８〜　）
映画プロデューサー兼脚本家。映画『Ｘ-ＭＥＮ』（２０００）と続編のエグゼクティブプロデューサーを務めたあと、２００７年からは『トランスフォーマー』三部作のプロデューサーとして作品を世に送り出した。

※13　ヒュー・ジャックマン（１９６８〜　）
大学在学中に演劇に目覚め、１９９０年代半ば頃に自国オーストラリアで役者デビュー。出世作『Ｘ-ＭＥＮ』（２０００）のウルヴァリン役は当初、ラッセル・クロウにオファーされており、クロウが同郷のジャックマンを推薦したという。２０１２年『レ・ミゼラブル』にジャン・バルジャン役で出演しゴールデングローブ賞主演男優賞を受賞。

※14　スティーブ・ディッコ（1927～2018）
陸軍退役後、1950年よりニューヨークでバットマンの作画家ジェリー・ロビンソンに師事。1953年にインカー（線画担当）としてジョー・サイモンとジャック・カービーのスタジオに入りアーティストとして活動を開始。その後マーベルでスタン・リーと組み、スパイダーマンとドクター・ストレンジの作画を一手に引き受ける。1966年にマーベル退社。

※15　サム・ライミ（1959～　）
映画監督、映画プロデューサー。ユダヤ系。大学生のときに制作した『死霊のはらわた』（1981）が大ヒットし、低予算のカルト映画の監督として人気を集める。2002年からの『スパイダーマン』シリーズで、メジャー監督として幅広い多くのファンを獲得。2021年には『ドクター・ストレンジ』の新作を監督する予定。

※16　トビー・マグワイア（1975～　）
子役出身で14歳のときにハリウッド・デビュー。童顔を活かしたキャラクターとして2002年からの『スパイダーマン』シリーズで主人公ピーター・パーカー／スパイダーマンを演じ、人気を不動のものにする。

※17　アニメーション映像
マーベル・ファンはおわかりと思うが、これはすべてのマーベル映画に使われているあのオープニング映像だ。

※18　ライオンズゲート・アンド・アルチザン
ライオンズゲートは1976年にカナダのバンクーバーで設立。2000年にインディペンデント系制作配給会社アルチザン・ピクチャーズを買収し、アメリカ市場進出への足掛かりにした（なおアルチザンは1981年、ホームビデオ制作会社として設立された会社。1992年より映画制作を開始、クエンティン・タランティーノの監督デビュー作『レザボア・ドッグズ』などを制作していた）2005年に配給した『クラッシュ』が同社初のアカデミー賞作品賞に輝く。また、制作費1億円足らずの低予算ホラー映画『ソウ』が数百億円の大ヒット作となった。

※19　デイビッド・マイゼル（生年未詳）
ニューヨーク生まれの映画プロデューサー。デューク大学卒業後、ハーバード・ビジネス・スクールでも学んだのち、

MBA取得。企業コンサルタントを経て、2003年から2010年までマーベルで社長、副会長、マーベル・スタジオの会長、マーベル・エンターテインメントのCEOなど歴任。2018年、新たに「Mythos Studios」を立ち上げた。

※20 マイケル・オーヴィッツ（1946〜　）
ユダヤ系。ウィリアム・モリス・エンデヴァー、ICMパートナーズ、ユナイテッド・タレント・エージェンシー（UTA）と並び、ハリウッド4大エージェンシーに数えられる世界最大のタレント代理業務事業会社クリエイティブ・アーティスツ・エージェンシーの創設者。俳優、女優、歌手、脚本家、監督、プロデューサーなど、約2000名を抱える。

※21 リヴェント

※22 エンデヴァー・タレント・エージェンシー
リヴェントはカナダで、エンデヴァー・タレント・エージェンシーは全米で俳優を映画やテレビの制作会社に紹介、斡旋する業務を行う。

※23 PG-13指定
PGはParental Guidance（保護者同伴）の略。13歳未満の子供には保護者同伴が望ましい映画、という意味。

※24 パワーパック
1984年に創造された4人兄妹のヒーローチーム。エールファイアという名の白馬のような宇宙人から能力を分け与えられた。12歳の優等生の長男アレックスの能力は重力操作。長女ジュリーは文学少女で、光速移動能力を持つ。わんぱくな次男ジャックの能力は密度変化で、気体状になれる。5歳の次女ケイティは物質からエネルギーを吸収し、エネルギーブラストとして放つ、最強の能力を持つ。作画スタッフに日本人が加わっており、アメコミとは思えない絵柄である。

※25 シャン・チー
1973年に創造された中国人の武術家ヒーローで「マスター・オブ・カンフー」という異名を持つ。モデルはブルー

ス・リー。父親は世界征服を目論むフー・マンチュー博士という設定だったが、2021年公開の映画版では『アイアンマン3』(2012)で登場したテロ組織テン・リングスの首領マンダリンが父親という設定に変わるという。

※26 完成保証証券
完成保証証券は、土地開発や住宅改築のほか映画制作などの企画が完成しない場合、その企画のために融資した側の損害が補償されるとする保証契約をいう。

アイアンマンにすべてを賭ける

"Let's face it: this isn't the worst thing you've ever caught me doing."

——**TONY STARK**

(*Iron Man,* 2008)

素直に言う。

きみが見たなかでいちばん悪くはない。

——トニー・スターク

(『アイアンマン』[2008])

背水の陣は敷かれた

マーベル・スタジオの幹部たちが最初に出すべき答えは、**どのスーパーヒーローの映画を第1作にするか**ということだった。

マーベルのプロデューサーたちは強い立場にいた。

大きな映画を作るにあたり、ひとつのスタジオがほとんど資金を出す。これはそのスタジオに支配権と決定権が与えられたことを意味する。だが、マーベルは資金の事前調達もしていたので、契約に提示された予算とガイドラインに沿っていれば、担保として挙げたどのキャラクターの映画も自由に作ることができる。

ケヴィン・ファイギは言う。

「僕もマーベルもすでにこれまでほかの映画にかなり関わってきたけど、常にパートナーとしてであって、決定権はなかった。資金を使って制作したのはほかの制作会社で、彼らが映画を支配した。自分たちで映画を作るとなると、全部責任を負わなければならないから大変なプレッシャーだけど、とっても気分はよかった。失敗するにしたって、やりたいことは全部できたわけだからね」

デイビッド・マイゼルは4回チャンスがあると見ていたかもしれないが、マーベルは絶対に最初の映画を成功させなければならなかった。マーベルのマーベルによる最初のスーパーヒーロー映画が失敗すれば、次作はない。マーベルは自分たちのヒーローをまともな映画にできないのかとコミック・ファンに見限られてしまうだろう。

アヴィ・アラッドもデイビッド・マイゼルもケヴィン・ファイギも**絶対に失敗するわけにはいかなかった。**

アラッドとマイゼルはことあるごとに対立した。

どのキャラクターを使うか？　制作費にどれだけ充てるか？　いつまでに映画を完成させるか？

マイゼルは当時マーベル・スタジオの副会長職に昇進していたが、アラッドを飛ばして、アイザック・パルムッターと直接話した。これによって、アラッドとマーベル・スタジオの社長に就任したファイギのカリフォルニア・チームと、マイゼルとパルムッターのニューヨーク・チームのあいだに、軋轢（あつれき）が生じた。

アラッドはマーベルの最初の映画のヒーローはキャプテン・アメリカがいいと考えた。例の担保リストに記されたメジャー・ヒーローはキャプテン・アメリカだけだ。だが、ほかにも選択肢を考えておきたかった。

最初の映画であればアベンジャーズを結集したものがいいと思う者もいたが、会社は最初からそう考えていなかった。ファイギも認めている。

「この時点ではアベンジャーズが結集する映画は考えていなかった。現実的ではなかったよ。もっとも僕らがしていることのほとんどは現実的でないけどね」

アラッドはアイアンマンの権利を取り戻そうとした。

アイアンマンの映画化権はニュー・ラインが持っていたが、メリルリンチとの資金問題が解決した数か月後に消滅した。ある情報によるとアラッドとマイゼルがニュー・ラインの契約更新を拒んだということだが、別の情報ではニュー・ラインがアイアンマンに興味を失い、権利を放棄したという。

いずれにしろ、アイアンマンはマーベルに戻ってきた。

マーベルはハルクも取り戻そうとした。

ハルクの権利はユニバーサル・スタジオに握られていた。誰からハルクのライセンスが戻されたかについてアラッドとマイゼルの意見は一致しないが、どうやらこういうことのようだ。

ユニバーサルの社長兼CEOがまたハルクの映画を作る気はないかとたずねられたところ、「ノー」と答えたのだ。マーベルは将来ハルクの映画を制作する際にはユニバーサル・スタジオに配給を任せようとしたが、ユニバーサルはもはやハルクの権利をすべてマーベルに戻すことにしたのだ。自分たちはもうハルクの映画を作らないのだから、映画配給で利益を得られると思わなかったのだ。

子供たちが選んだヒーロー

ここでアベンジャーズのオリジナル・メンバー全員が再集結し、ほかにもキャラクター数名が加わった。マーベル・スタジオは映画を2本作ることを決めたが、最初の1本をどのヒーローの映画にするか決断しなければならない。

マーベルが歩んできたストーリーを知らない人たちは、映画第1作のヒーローの選考方法を聞かされると、あるいは驚くかもしれない。だが、マーベルがはるか昔から映画を関連商品の売上（昔はコミックであり、最近はアクション・フィギュアだ）に結びつけてきたことを考えれば、十分に理解できる。

子供たちを集めて、どのキャラクターの玩具がいちばん好きか、アンケートを取ったのだ。ヒーローたちのイラストを見せて、彼らの能力や使う武器を知らせて、どのヒーローのグッズで遊びたいかたずねたわけだ。

結果は、**アイアンマンで遊びたい**という答えが圧倒的に多かった。

アイアンマンはあり得なかった。

この鋼鉄のヒーローは長く不遇な歴史を歩んできたし、映画になることもなかったからだ。キャノン・グループはアイアンマンのライセンスを1980年代に買い上げて、トニー・スターク役にトム・セレックを起用し、映画『ロボコップ』(1987)の制作チームにアイアンマン・スーツを作ってもらおうとした。

1990年初頭にはユニバーサル・ピクチャーズが各種の権利を手に入れたが、1996年にすべて20世紀フォックスに売り渡している。

フォックスはスタン・リーに脚本の共同執筆を依頼し、出来上がったものに同社の社長も満足し、アイアンマンのことが初めてわかったと述べている。ニコラス・ケイジ[※1]もトム・クルーズ[※2]もアイアンマン/トニー・スタークを演じることに興味を示したが、いずれも実現しなかった。フォックスはある段階でクエンティン・タランティーノにアイアンマンの映画の脚本と監督を依頼したが、計画は頓挫し、2000年にニュー・ライン・シネマに映画化権を売り渡している。

ほかにもアイアンマンの脚本は書かれて、監督候補にジョス・ウェドンやニック・カサヴェテス[※3]の名前が上がった。だが、ニュー・ラインの最高経営責任者はアイアンマンが映画のヒーローになれるとは決して思わなかったようで、アラッドにこう言っている。

「アイアンマンが飛ぶような映画は作りたくない！　ばかげてる！　鉄が空を飛ぶはずはない！」

アイアンマンの映画制作はほぼ20年間何の進展も見られず、マーベルが権利を取り戻し、自分たちの手でこのスーパーヒーローの映画を作り上げることになった。

マーベルは決意した。

自分たちでアイアンマンをよみがえらせるのだ。そして2作目はハルクの映画だ。

「スパイダーマンはいなかったし、ファンタスティック・フォーもいなかった」とケヴィン・ファイギは言っている。

マーベルにはB級ヒーローしかいないじゃないかという者たちもいた。

「決してそんなふうに思わなかった。アイアンマンはすごくカッコよかったし、ハルクは間違いなく次のスパイダーマンになるいちばん重要なヒーローだった。僕らのキャラクターはみんなすごい可能性を秘めていたけど、当面の目標は2本の映画を配給することだった。最高のアイアンマンの映画と、5年ぶりとなるハルクの映画だ[※4]」

カリフォルニアのマーベルのプロデューサー・グループは、ニューヨークの役員たちにアイアンマンがマーベルの最初の映画になると知らせた。東海岸の役員たちはその話を聞くと、ただちにアイアンマン・グッズの2008年発売に向けて動き出した。

アラッド、マイゼル、ファイギはそれまでに映画を配給しなければならないミッションを負った。時計の針が動き出した。

誰もが驚く監督を抜擢

2006年4月、マーベルは『アイアンマン』の監督にジョン・ファヴロー※5を抜擢した。

誰もが驚いた。なぜならファヴローの**映画監督としての経験は十分とは言えなかった**からだ。テレビ・ドラマを数本、映画は3本しか手掛けていないのだ。

『メイド』(2001)は低予算制作映画で、ファヴローは監督、制作、脚本のほか、主演も務めた。『エルフ ～サンタの国からやってきた～』(2003)はクリスマス・コメディとして制作されて興行収入的に成功を収めたが、上映はその期間だけに限定された。

SFファンタジー映画『ザスーラ』※6(2005)は予算6500万ドルで制作されたが、世界的な成功を収めたとは言えなかった。だが、アイアンマンに関する知識が豊富で、現代の話に広げることができる、笑いもうまく取り入れて、視覚効果も使いこなすファヴローに、アラッドは惹かれた。

ファヴローも『エルフ ～サンタの国からやってきた～』で試みたように、強烈なエネルギー

アイアンマンの動力炉・小型版アークリアクターとジョン・ファヴロー。ファヴローは主人公の運転手、ハッピー役として出演も果たしている。（写真：Everett Collection/アフロ）

を作り出して、キャラクター同士の関わりをダイナミックに表現したいと考えていた。

「ジョン・ファヴローは『デアデビル』でフォギーを演じた頃から知ってるよ」とアラッドは言う。

「ジョンが監督した映画はみんな好きだけど、『ザスーラ』にはほんとに驚かされた。友達の子供たちの多くは5回も6回も観ていて、どれだけこの映画が好きか何度も聞かされている。ジョンはいいストーリーが書けて映画監督としてもすぐれているけど、マーベルのブランドとアイアンマンを心から愛しているんだ。さらに、この映画を成功させるには、世界で今何が起こっているのか政治的にも社会的にも理解している監督が必要だったけど、ジョンはすべて満たしていた」

「ファヴローの監督起用は、そのときは考えられなかった」とファイギは言う。

「ソニーはローラ・エレン・ジスキン[※7]とアヴィ・アラッドとともにサム・ライミを『スパイダーマン』シリーズの監督に起用し、フォックスはブライアン・シンガーを『X－MEN』シリーズの監督に起用しましたが、ライミもシンガーもすでに大作を手掛けていて、次の映画制作を進めていました。ふたりはスケールはそれほどではないけど、これまでにないような大きなテーマに広げて、すごく面白い映画を作り上げました。常に言えることですが、映画の王道は適任者を監督に据えることです」

「弱い」ヒーローだからこそ

ファヴローは『アイアンマン』の監督ができることを大変なチャンスと見た。

「子供の頃にマーベルのコミックをたくさん読んでいたから、『アイアンマン』の監督ができるなんて、すごく興奮したよ。だって、アイアンマンはマーベルが一度も映画にしたことがないオリジナル・キャラクターだからね。自主映画から出てきた僕にできることがあるとすれば、物語をシンプルにして、ユーモアを交えながらキャラクターの人間性を表現することだ。

マーベルのコミックのいちばんすぐれていることのひとつに、ヒーローたちが人間的で傷つきやすいということがある。マーベルが映画制作をはじめた頃、スーパーヒーローは超人的であるという一般認識があった。確かにそれまでのヒーローは常に完璧だった。でも、マーベルは弱点を持った、人間らしいスーパーヒーローを作り出して、世界観を変えたんだ。ヒーローも普通の人間と同じだから面白いし、魅力を感じる」

ファヴローは『アイアンマン』の映画のイメージをすでに作り上げていた。

「スリラー小説の要素を取り入れたインディペンデント映画のようなものにしたいと思った。たとえばロバート・アルトマン[※8]が『スーパーマン』を監督して、そこにトム・クランシーの小説のほか、ジェームズ・ボンド・シリーズや『ロボコップ』や『バットマン・リターンズ』の映画のいい部分を取り込む感じだ」

魅力的なストーリーにして、アイアンマンをまったく知らない人たちにも観てもらえるものにしたかったが、やっぱりコミック・ファンをうならせるものにしなければならない。

「これまでどこの映画会社もそうだけど、コアなファンはごくわずかと判断して、一般の人たちを惹きつけるものを作ろうとしてきた。昔からずっと変わらないのは、映画制作会社は利益を上げることを考える。それが仕事だからね。コミックのキャラクターとストーリーを手に入れて、できる限り幅広い映画ファンに訴えるものにしようとする。できる限り制作費を削り、最大限の利益を上げようとする」

ファヴローはケヴィン・ファイギやアヴィ・アラッドと同じ考えだった。3人ともオリジナル・コミックのキャラクターとストーリーを映画にするにあたり、**大きく変えたくなかった。**

「コミック・ファンのひとりとして、コミック・ファンのコミックに対する思いにしっかり応える責任がある」とファヴローは言う。

「コミック通りにしなければならないというわけじゃないけど、それは頭に置いておく必要がある。何かを自由に変えたいからではなく、素材を最高に活かすという視点から判断すべきだ」

ファイギも言う。

「コミックを読んだ人たちが、今度は映画を楽しんでほしいといつも考えている。オリジナル・コミックを何冊も読んでその楽しさをよくわかっている人たちに満足してもらえるものにしたい。同時に、コミックをまったく読んだことがない人たちにも楽しんでほしい。お客さんをびっくりさせたいと思うことが、僕らの原動力だ」

スローガンは「あり得るものにしよう」

映画監督は言ってみれば曲芸師のようなものだ。一瞬頭に浮かぶ綿菓子のようなはかない考えや、水晶の花瓶のように壊れやすい自尊心を大切に守る一方で、ナイフで鋭く切りつけてくるような専門家や、チェーンソーで切り倒そうとするプロデューサーたちを相手にしなければならない。フロントマンとして何もかも同時にこなしつつ、**上映予定映画に対する期待と驚きをあらゆる形で高めなければならない。**

撮影段階でファヴローはアイアンマンについて考え、ストーリーを作り出し、脚本家たちと話して世界を広げ、デザイナーたちや大道具や視覚効果のスタッフと打ち合わせしながら、どの役者をどの役に充てるべきか検討した。

これまでのスーパーヒーローの舞台は東海岸の大都会と決まっていたが、ファヴローは『アイアンマン』の舞台を西海岸に移したいと考えた。スタン・リーがコミックに最初に思い描いた通り、トニー・スタークはハワード・ヒューズ[※9]を思わせる人物にしたかった。

リーは言っている。

「ハワード・ヒューズはわれわれの世代で誰より華やかな男性だった。投資家で、冒険家で、億万長者で、プレイボーイで、ちょっとイカれていた。アイアンマンのようなキャラクターは、普通のスーパーヒーローとは違うものにしたかった。1963年当時、アイアンマンは若い読者にそれほど人気がなかった。大企業の社長で、兵器を作っていたからね。そこでトニー・スタークを金持ちでカッコよくてハンサムで面白い人物にして、若い人たちに好かれるキャラクターにしようと思ったんだ」

そしてファヴローは時代を現代にして、スタークがベトナムで捕われたという設定にした。脚本はすでにファヴローが声をかけた者たちによって進行中だった。ファヴローは彼らと打ち合わせを欠かさず、キャラクターとストーリーがしっかり書けているか常に確認した。

「アイアンマンはスーツを着ているときも着ていないときも魅力的でないといけない」

ファヴローはマーベルの優秀なコミック・ライターやアーティストたちにも脚本を見せてアドバイスを求めた。**ジョン・ファヴローは映画にできる限りリアル感をもたらそうとした。**

「部屋のドアの上に『あり得るものにしよう』と書いた紙を貼っておいたんだ。打ち合わせに来た人たちはそれを見て、ああ、そうしなくちゃいけないなと思ってくれたはずだ」

ファヴローはスタン・ウィンストン・スタジオに、アイアンマン・スーツの作成を依頼した。また『トランスフォーマー』(2007)と『パイレーツ・オブ・カリビアン』(2003)でデジタル処理を担当したインダストリアル・ライト&マジックに声をかけて、メイクやコスチュームをデジタル処理して本物のように見えるようにしてもらった。

さらに国防総省から撮影許可を得ようとした。

「国防総省の許可が得られたら、カッコいい飛行機や乗り物が撮影できるからね」

戦場を去るアヴィ・アラッド

ジョン・ファヴローが映画の撮影準備を進めている頃、アラッドはニューヨークでマーベルの幹部たちと対立していた。

デイビッド・マイゼルは創造性豊かであると人に思われたかったが、やはり経済的な成功をいちばん求めていたし、それはアイザック・パルムッターも一緒だった。アラッドは嫌悪感をあらわにした。ニューヨークの役員たちは制作上の決定に口を挟むこともあれば、資金を削ろうとすらしたのだ。

彼らは制作に関する決定は**「制作管理部門」**なるものを通して下されることを求めた。この部門には、マーベル・エンターテインメント社長アラン・ファイン[※10]、コミック・ライターのブライアン・マイケル・ベンディス[※11]、マーベル・コミック社長ダン・バックリー[※12]、マーベル・コミック編集長ジョー・カザーダ[※13]が加わった。

アラッドは細かい口出しや批判などされることなく映画制作を進められると思い込んでいた。きみは自分の思うように進めようとする「貪欲な豚」だと委員会になじられ、**アヴィ・**

アラッドは戦いの場を去ることにした。

2006年の終わりにパルムッターに対し、マーベル・スタジオ会長兼CEOに加えて、マーベル・エンターテインメントのチーフ・クリエイティブ・オフィサーの職を辞すと伝えたのだ。マーベルの映画のコンサルタントは引きつづき務めるが、社には属さず、インディペンデントのプロデューサーとして加わる。マーベルの持株の大半も5900万ドルで売却した。

「ひとりで決めました」とアラッドは言う。

「ある日、いつのまにか口にしていました。『もうたくさん』と思いました。会社はこのCEOによって発展した、この最高財務責任者が拡大してきた。確かにそうかもしれませんが、基本的に僕らがすべてしてきたんです。そのときはあまりにたくさんの人がいてわけがわからなくなっていました。そして誰もが映画を作ろうとしました。みんなそうです。みんなこれまで作ってきたものを壊そうとして、台本を奪い合うようにして読もうとしたのです」

アラッド退社後、プロデューサーたちにコミックをいちばんよく知っていると思われていた**ケヴィン・ファイギがマーベル・スタジオを切り盛りすることになった。**

だが、デイビッド・マイゼルが経営を重視することに変わりはなかった。

僕がアイアンマンだ

信じられないかもしれないが、ジョン・ファヴローが最初に決めたキャストはアイアンマンではなくジェームズ・〝ローディ〟・ローズ[※14]だ。

まず演技力に定評ある役者がひとりほしかったファヴローは、2005年の『ハッスル&フロウ』でアカデミー賞主演男優賞にノミネートされたテレンス・ハワード[※15]に白羽の矢を立て、『アイアンマン』で最高出演料となる350万ドルでローディ役を受けてもらったのだ。

だが、**いちばん重要な役は言うまでもなくトニー・スタークだった。**

ティモシー・オリファント[※16]がオーディションを受けたと言われているし、ヒュー・ジャックマン、クライヴ・オーウェン[※17]、サム・ロックウェル[※18]の名前も挙がった。

だが、ジョン・ファヴローの頭にはロバート・ダウニー・ジュニア[※19]しかなかった。ダウニーの『キスキス、バンバン』(2005)の芝居にやられてしまったのだ。それよりも役者ロバート・ダウニー・ジュニアの人生がトニー・スタークの人物像に深みをもたらすと思ったのだ。

「大衆はロバートの人生の頂上もどん底も見てるからね」とファヴローは述べている。

「仕事とはまるで関係ないところにいくつも障害を抱えていて、心のバランスを保ってすべて乗り越えなければならなかったんだ。まさにトニー・スタークだよ。高校になじめない、彼女ができないといったことに悩むキャラクターたちとは別次元の深みをロバートはもたらしてくれる」

加えてファヴローは信じていた。ロバート・ダウニー・ジュニアはチャーミングな役者だから、好ましい変わり者を感情豊かに演じて、観客を魅了するに違いないと。

ファヴロー以外は誰もダウニーを望まなかった。

「ロバートの名前を出すと、みんなに反対されたよ」

かつて薬物に溺れ、常軌を逸した行動を繰り返したことが問題視されたのだ。

加えて歳も取り過ぎていたからだ。

「彼らが求める役者より10歳は年がいっていた。40を超えていたからね。だからこそ、彼がいいと思ったんだ。彼らはロバートを嫌って、『だめだ、あの男にトニー・スタークはやらせない』って言われた。確かにロバートを起用するのはすごくリスクの高い賭けになると思った。みんなもっと若くて悪い噂のない役者を望んでいたけど、『それでは「パイレーツ・オブ・カリビアン」のジョニー・デップみたいなことになってしまう』と思ったんだ。そんなことになれば、映画は決まりきったものにしかならないし、何の驚きもない。スパイダーマンの中年版を作るようなものだ」

トニー・スターク役を射止めたロバート・ダウニー・ジュニア。このキャスティングは、ファヴロー監督の予想以上に衝撃をもって受け止められた。(Everett Collection/アフロ)

ダウニーも**アイアンマンを何としても演じたい**と思っていた。

「ロバート・ダウニー・ジュニアはこの役が絶対にほしかったし、僕も同じように彼に演じてほしいと思っていた」とファヴローは思い出す。

「この役は誰にも渡したくなかった。『チャーリー』以来、そんなふうに思ったことはない。配役のオーディションを受けることになったのも、『チャーリー』以来だ」

ロバート・ダウニー・ジュニアは1993年の映画『チャーリー』の主役を得るにあたって、1991年にオーディションを受けている。ファヴローは言う。

「ロバートと向かい合うと、目の前がぱっと明るくなったような気がした。彼はやってくれると思ったよ。スーパーボウルに連れて行ってくれるドラフト1位の選手を引き当てたようなものだ。ロバートがこの役を演じれば、どんなふうに映画を撮ればいいかわかったし、スパイダーマンを中年にしたような映画を作らずにすむ」

ロバート・ダウニー・ジュニアがアイアンマンを演じるべきであるとマーベルの役員を説得するのに、ファヴローは大変な苦労を強いられた。

「彼でほんとに大丈夫かと思う人もたくさんいたし、反対する人もたくさんいた。でも、ロバートのオーディション映像を見せて、映像のなかの彼がしゃべり出すと、みんなすぐに賛成してくれた。ロバートしかいないと。あとは動き出すだけだった」

「カッコいいトニー・スタークが必要でした」とアヴィ・アラッドは言う。

「ハリウッドの映画業界の人たちは26歳くらいのヒーローがいいと言いますが、トニー・スタークは若者ではありません。複雑な思いを抱えたヤングアダルトであり、その点では幸運でした。ロバート・ダウニー・ジュニアに演じてもらえることになったのですから」

このキャスティングがマーベル・スタジオの運命を変えた。

「同じように考えて、同じように作るだけだ」とファイギは自分たちの考え方を説明する。「有名であろうとなかろうと、一般受けしようがしまいが、その役に最高の俳優を見つけなければならない」

『アイアンマン』の脚本を担当したマーク・ファーガスは言う。

「ちょっと普通ではないかもしれませんが、マーベルの映画のキャスティングはよくできていて、すべて先を見通していると思います。誰が演じるかアナウンスされると、みんな『おお、それは面白そうだ』と思いますし、実際予想したより面白いものになります。パーフェクトな人選で、それ以外の人が演じることは想像できません。そんなふうに思い切ったことをしますから、みんなマーベルの映画を観たいと思うのです」

「どうして僕はこの役を手にできたか?」とダウニーは説明する。

「こういうことじゃないかな。『アイアンマン』のストーリーはほかのマーベルのどのストーリーよりも、ほんとか嘘かわからないことが満ちあふれていて、あらゆるキャラクターたちが激しくぶつかり合う。トニー・スターク自身も性格に問題があるし、家柄がいいこともあって、異常な環境に放り込まれている。あちこちにちりばめられたジョーゼフ・キャンベル[※20]の神話の数々は、どれも誰よりも僕によくあてはまる。この仕事以上に僕が打ち込めるものはないと思う」

ロバート・ダウニー・ジュニアを迎え入れたことで、ジョン・ファヴローはアイアンマンのパズルのいちばん重要なピースを手に入れた。

「もっともむずかしく、もっとも重要だったのは、アイアンマンはロバート・ダウニー・ジュニアで行こうと承認を得ることだった」とファヴローは言う。

「それがクリアできると、それ以外のことはどれも簡単に思えたよ。これでいい映画ができるってわかったからね」

ロバート・ダウニー・ジュニアはアイアンマン／トニー・スタークの役を引き受けると、仮オフィスをファヴローのオフィスの隣に構えて、アイアンマンの役作りについて話し合い、ストーリーも一緒に考えることになった。

「仕事を引き受けると、ロバートは制作面での協力を惜しまなかった」とファヴローは言う。

アドリブに次ぐアドリブ

撮影は2007年3月に開始されたが、**脚本がまだ完成していない**こともあって、困難な状況がつづいた。

「こうした映画に、きっちり固まった脚本なんて最初からないよ」とファヴローは言う。

脚本が「固定されて」しまえば、変えることができないからだ。

「スーパーヒーローの映画には残念なことによくあることで、脚本の検討はいつも最後の最後にまわされてしまう。効率のいい制作過程に組み込まれてしまうんだ。日程や視覚効果など優先すべきことがほかにあるから、ライターを何人も用意してメイン・ストーリーの展開にあわせて脚本を調整することになる。監督としてストーリーはつかんでいるけど、撮影中にストーリーがどんどん広がっていくから、それにあわせて脚本を書いていくことになって、その作業はどうしても遅れてしまう。撮影現場に行けばこれはどのシーンかわかるけど、それを脚本にどう書くかは別問題だ」

ファヴローが言うように、**『アイアンマン』の撮影ではセリフのほとんどはアドリブ**で交わされ、役者同士のやりとりを自然であるようにした。

これはふたりの役者の会話を別撮りするのではなく、1台のカメラで同じコマに収めて撮らないとできないことだ。ロバート・ダウニー・ジュニアはこうしたアドリブのセリフまわしの天才だったし、ひとつの場面を何テイクも撮って新たにアイデアを広げようとした。

誰もがこうした撮影に対応できたわけではない。ヴァージニア・〝ペッパー〟・ポッツ役のグウィネス・パルトロー[※21]はついていくのに苦労した。

ベテラン俳優のオバディア・〝オビー〟・ステイン役のジェフ・ブリッジス[※22]もこれまでずっと脚本のセリフを完璧に覚えて撮影に臨んできたので不快感を示したが、『アイアンマン』は「予算2億ドルの学生制作映画」と考えてしたがうことにした。

だが、ファヴローがその場その場でクリエイティブな才能を見事に結合させることができたから、問題は起こらなかった。

「ロバートの演技力と、コミックの驚くべき展開が組み合わさることで、さらに大きな化学反応が期待できる」

高まるコミック・ファンの期待

『アイアンマン』の撮影が終了し、ポスト・プロダクションに入ると、マーベルは映画がどう受け止められ、どんな反応が示されるかつかもうとした。

なぜなら、彼らはオリジナル・コミックに忠実な映画を制作したから、映画を観てくれる人としてまず想定したのはコミック・ファンだったからだ。

「コミックを読んだことがない人たちにアイアンマンが何者か知ってもらう必要があった。そんなときにファンがファンサイトなどで盛んにつぶやいて多くの人たちの関心を引いてくれて、本当に助かったよ」とファヴローは当時のことを振り返る。

「みんなコミコンの映像も、公式トレーラーも、どこからか漏れてしまったスポイラー（ネタバレ）動画も全部見てたから、アイアンマンのことが知られて、関心を集めることができた。いつのまにか口コミでどんどん広がって大きな話題になり、みんな映画を観たいと思ってくれたんだ」

最初ニューヨークの**マーベルの役員たちはマーベル・スタジオ第1作がそれほど大当たりするとは思っていなかった。**

ロバート・ダウニー・ジュニアがアイアンマンを演じることが決まったときも、役員会はデイビッド・マイゼルに、「心配しなくていい、映画がコケてもキャラクター・グッズは売れるはずだ」と言った。

だが、映画公開が近づくと、こうしたグッズの売上が期待できなくなった。

マーベルは玩具メーカー各社とアイアンマンの関連商品の契約を取り交わすことができなかったのだ。同時期に作られた『スパイダーマン3』(2007)に2億5800万ドルの予算をかけたのに対し、『アイアンマン』の予算は1億4000万ドルと、ずっと少ないように思えた。

加えてメーカーはどこもアイアンマンをAランクのキャラクターと考えていなかったし、主役俳優も才能はあるかもしれないが評判はよくなかったし、マーベルも映画制作会社としてはたしてどれだけのものが作れるかつかめていなかった。

「アイアンマンを売り出すことができませんでしたし、誰にも受け止めてもらえませんでした」とあるマーベルの役員が言う。

「ですから、この第1作公開時に各店舗の棚にこのキャラクター商品がたくさん並べられることはありませんでした」

『アイアンマン』の当初のアメリカ国内の収益は1億ドル程度と見ていた。キャラクター商品の売上の見通しが立たないし、国内の収益も期待できないとして、マーベルの幹部は不安を募らせ、海外の興行収入に期待した。

メガヒットと次なる展開

『アイアンマン』は公開1週間後に興行収入9900万ドルを上げて、当初予想されたアメリカ国内の興行収入にほとんど到達してしまうことになった。シリーズものではあるが、続編ではない当時のアメリカ映画としては、2002年公開の『スパイダーマン』に次いで2番目の記録となった。

ケヴィン・ファイギはこの公開後1週間で、**さらにマーベルの映画が作れると思った。**『アイアンマン』のエンディング・クレジットに、コミック・ファンへの密かなメッセージとしてサミュエル・L・ジャクソン[※23]演じるニック・フューリーがトニー・スターク／アイアンマンに言葉をかける短い映像を入れておいたから、ここから展開する新たな映画が作れると思ったのだ。

『アイアンマン』は最終的に全世界で5億8500万ドルの興行収入を上げ、1億ドルの純利益を生み出し、アイアンマンのコミックの売上も2割増しとなった。2008年のマーベル社全体の収益も4割増しの6億7600万ドルに跳ね上がった。

玩具メーカー各社はただちにアイアンマン関連商品を作り出し、どれもロングセラーになった。ハズブロ[※24]は2011年から2016年にアイアンマンのフィギュアによって全世界で1870億ドルの収益を上げた。

『アイアンマン』成功後、ジョン・ファヴローはコメントしている。

「よくできたが、まだ方向性が定まらなかった。すべて動いている。あらゆる人に対してあらゆることが変わる。まだ1曲ヒットソングを出したバンドみたいなものだ。これまでガレージみたいなところで演奏してたけど、次はどうしたらいいか考えないといけない」

ファヴローは『アイアンマン2』の監督も引き受けることにした。

このニュースが発表されたその日、マーベル株は9パーセント上昇した。**さらに今後6本のマーベル映画のプロデューサーも務める**ことにした。ファヴローはマーベル映画を成功させる青写真もほとんど作り上げた。

「『アイアンマン』で、マーベルは進化しつづけるという公式を打ち立てることができた。すぐれた役者を集めて、コミックのキャラクターを忠実に再現し、キャラクターたちが交流する世界を作り上げる。ユーモアも必要だし、マーベルの規範を守らないといけない」

残念なことにマーベルのプロデューサーたちは、『アイアンマン』とほぼ同時期に進行していた『インクレディブル・ハルク』(２００８)制作時、このことがわかっていなかった。フランス人の監督ルイ・レテリエ[※25]は映画を重い人間ドラマにしようとし、ハルクを演じるエドワード・ノートン[※26]はさらに重くとらえていた。

脚本を大幅に書き換えることも許されたノートンは、ハルク／ブルース・バナーが自殺を試みるシーンで映画をはじめようとした。だが、撮影終了後の編集段階にケヴィン・ファイギが加わり、この問題のシーンを含めてあまりに暗いと思われる場面は削除することにした。『インクレディブル・ハルク』は『アイアンマン』封切の数か月後に公開されたが、映画を観た人たちの反応は冷ややかだった。

あるレビュアーは『インクレディブル・ハルク』を「思い出したくない回り道」としている。レビュー・サイト、「ロッテン・トマト[※27]」の評価は『アイアンマン』の高評価が93パーセントに対し、『インクレディブル・ハルク』の高評価は67パーセントにとどまった。

結局、『インクレディブル・ハルク』の全世界の興行収入は2億６３００万ドルに終わり、結果を残せなかった。ケヴィン・ファイギとマーベルのプロデューサーたちは、将来の映画では何をしてはいけないか、この映画の失敗でまざまざと知ることになった。

もし『アイアンマン』ではなく、『インクレディブル・ハルク』が第1作として公開されていれば、**マーベルは終わってしまっていたかもしれない。**

幸運なことに、『アイアンマン』を第1作として公開できて、マーベルは終わらなかった。

そして映画産業で最大数の作品を作り上げてきた最大手の1社が、マーベル買収への興味を失うこともなかった。

※1　ニコラス・ケイジ（1964〜　）
叔父に映画監督のフランシス・フォード・コッポラ、叔母に女優のタリア・シャイア、いとこにソフィア・コッポラがいる。1981年『初体験　リッジモント・ハイ』で映画デビュー。1995年『リービング・ラスベガス』でアカデミー主演男優賞を受賞。コミック好きで知られ、「ケイジ」は『パワーマン』の主人公ルーク・ケイジから。

※2　トム・クルーズ（1962〜　）
幼い頃から学習障害（LD）であり、失読症（ディスレクシア）で苦労する。1981年に映画デビュー。1986年『トップガン』の大ヒットでスターとなり、1996年の『ミッション：インポッシブル』で初めてプロデューサー業にも進出。2020年の年末には『トップガン マーヴェリック』も公開される。

※3　ニック・カサヴェテス（1959〜　）
映画俳優・監督のジョン・カサヴェテスと女優のジーナ・ローランズの息子。子役として父親の作品に出演していた。

1996年監督デビュー。母親の出演した監督作品『きみに読む物語』(2004)が世界的に大ヒットした。

※4 5年ぶりとなるハルクの映画
『ハルク』は2003年にアン・リー監督によって映画化されている(ユニバーサル・ピクチャーズ配給)。

※5 ジョン・ファヴロー(1966〜)
ニューヨーク生まれ。ウォール街で働いていたが、スタンダップ・コメディアンを志望して退職。1993年映画デビュー。2001年に監督デビューし、2008年に監督した『アイアンマン』は大ヒット。2010年の続編『アイアンマン2』の監督も務め、両作で主人公スタークの運転手ハッピー・ホーガン役で出演もしている。

※6 『ザスーラ』
2005年の映画。ボードゲームの出来事が現実世界でも起きてしまうというストーリー。『ジュマンジ』のオールズバーグの絵本が原作。監督のジョン・ファヴローは原作の設定である1950年代のSF様式を念頭に構成しCGの使用を抑制する試みを見せたが、制作費の半分しか興収は得られなかった。

※7 ローラ・エレン・ジスキン(1950〜2011)
ローラ・エレン・ジスキンは映画プロデューサーで『プリティ・ウーマン』(1990)や『恋愛小説家』(1997)のほか、『スパイダーマン』(2000)、『スパイダーマン2』(2004)、『スパイダーマン3』(2007)、『アメイジング・スパイダーマン』(2012)の制作も担当している。

※8 ロバート・アルトマン(1925〜2006)
カンザスシティ生まれ。ヒッチコックに評価されてTV「ヒッチコック劇場」に抜擢されたのち、『ボナンザ』『ハワイアン・アイ』『コンバット!』など連続TVドラマを手掛ける。1970年『M★A★S★H マッシュ』でカンヌ映画祭グランプリを受賞して巨匠の仲間入り。2006年にはアカデミー賞名誉賞を授与。

※9 ハワード・ヒューズ(1905〜1976)
18歳で孤児となり、相続した莫大な遺産を映画制作と飛行家としての活動に投じる。『地獄の天使』(1930)撮影時の墜落事故で負った傷の止痛薬から麻薬(コデイン)中毒を患い、以後は奇行が目立つようになる。

1948年には「ビッグ5」と呼ばれるメジャー映画会社のひとつ、RKOを買収した。

※10 アラン・ファイン（1951～ ）
キャベツ畑人形が大ヒットしたコレコ社の副社長やケイビートイズ社長を経て、マーベルの玩具部門の最高責任者に転じ、のちにマーベル・エンターテインメントの社長に就任。その後ケヴィン・ファイギと対立してマーベルを退社。

※11 ブライアン・マイケル・ベンディス（1967～ ）
クリーブランド生まれ。ユダヤ系。2000年に『アルティメット・マーベル』を立ち上げ、『アルティメット・スパイダーマン』の主要ライターになった。2004年の『ニューアベンジャーズ』など数々のマーベル・コミック作品でライターを務めている。2017年にはマーベルからDCコミックに移り、スーパーマンの作品に関わった。

※12 ダン・バックリー（生年未詳）
マーベル・エンターテインメント社長。ニューヨーク州北部で育つ。1989年セントローレンス大学を卒業（専攻は経済学）し、翌年新卒としてマーベル・エンタープライズに入社。並行して1991年にMBAを取得し、交換留学生として日本でも学んだとも。マーベルの関連会社のさまざまな役職に就いたあと、2017年から現職。

※13 ジョー・カザーダ（1962～ ）
ニューヨークでキューバ系の両親のもとに生まれ、1990年代初頭よりフリーのアーティストとして働きはじめた。1998年にマーベル・コミックのエディターとなり、『デアデビル』『ブラックパンサー』などを編集。2000年、ボブ・ハラスの後任として編集長となった。2011年編集長を辞任、後任はアレックス・アロンソ。

※14 ジェームズ・〝ローディ〟・ローズ
1979年「マーベル・コミック」に初登場。アメリカ空軍武器開発部に所属する軍人で、アイアンマンの長きにわたるよき友人。『アイアンマン2』（2010）の物語後半からヒーローのひとりであるウォーマシンとなる。

※15 テレンス・ハワード（1969～ ）
1995年に映画デビュー。2008年、自らもファンであった『アイアンマン』で主人公トニーの親友「ローディ」を演じ、次回作『アイアンマン2』にも出演に意欲を見せていたが、マーベルとエージェントのあいだの金銭的な

トラブルにより、代役にテレンスの友人であるドン・チードルが抜擢された。

※16　ティモシー・オリファント（1968〜　）
ハワイ州ホノルル生まれ。ヴァンダービルト家に連なる名門の出。南カリフォルニア大学では水泳選手として活躍。1995年にオフ・ブロードウェイで初舞台に立ち、翌年映画デビュー。『ダイ・ハード4.0』（2007）ではマクレーンと戦う悪役リーダーを演じた。

※17　クライヴ・オーウェン（1964〜　）
イギリス王立演劇学校で演技を学び、数々の舞台に出演。2002年の『ボーン・アイデンティティー』で寡黙な殺し屋役を演じ、ハリウッド作品に初出演。2004年『クローサー』でゴールデングローブ賞助演男優賞を受賞。

※18　サム・ロックウェル（1968〜　）
両親ともに俳優。2002年『コンフェッション』で初主演を飾り、ベルリン国際映画祭男優賞を受賞した。2017年『スリー・ビルボード』ではアカデミー助演男優賞を受賞するなど演技力が高く評価されている。

※19　ロバート・ダウニー・ジュニア（1965〜）
1983年に映画デビューし、青春スターのひとりとして人気を得る。しかし映画監督の父親に与えられたマリファナを8歳から常用し、薬物問題で1996年から6回逮捕。2003年に薬物を断ち、復帰。2008年の『アイアンマン』でジョン・ファヴロー監督から主人公のトニー・スターク役に抜擢され、スターの座に戻る。

※20　ジョーゼフ・キャンベル
アメリカの神話学者。世界中の英雄伝説にはセパレーション（分離・旅立ち）、イニシエーション（通過儀礼）、リターン（帰還）という3類型の母型があると主張し、ジョージ・ルーカスも『スター・ウォーズ』に採り入れたとされる。

※21　グウィネス・パルトロー（1972〜　）
父は映画プロデューサー、母は女優、弟は映画監督。ユダヤ系。1991年デビュー。1998年『恋におちたシェークスピア』でアカデミー賞主演女優賞を受賞。

※22 ジェフ・ブリッジス（1949〜 ）
父親は西部劇俳優のロイド・ブリッジス、母親は女優で詩人のドロシー・シンプソン。兄のボー・ブリッジスも俳優。『クレイジー・ハート』（2009）による5回目のノミネートでアカデミー賞主演男優賞を受賞した。

※23 サミュエル・L・ジャクソン（1948〜 ）
1981年映画デビュー。1994年公開の『パルプ・フィクション』の聖書を読み上げる殺し屋ジュールス役でアカデミー賞助演男優賞にノミネート。翌年公開の『ダイ・ハード3』に準主役で出演しスターの地位を固めた。

※24 ハズブロ
1923年創業の玩具メーカー。規模的にはマテル社に次いで全米第2位。モノポリーなどのボードゲームと、マーベル・コミック関連商品としてはアクションフィギュアなどのキャラクター玩具が主力商品。

※25 ルイ・レテリエ（1973〜 ）
フランスの映画監督。1997年にジャン＝ピエール・ジュネの『エイリアン4』の制作補佐。2002年『トランスポーター』で監督デビューし、続編の『トランスポーター2』（2005）もヒット。2008年『インクレディブル・ハルク』の監督に抜擢された。アメコミではなく日本の漫画『聖闘士星矢』の大ファン。

※26 エドワード・ノートン（1969〜 ）
祖父は都市計画家のジェームズ・ラウス、父はカーター政権時に連邦検察官だった。イェール大学で天文学と歴史と日本語を学び、日本で海遊館の巨大水槽設置に携わる。1996年『真実の行方』で映画デビューし、ゴールデングローブ賞助演男優賞を受賞。2008年『インクレディブル・ハルク』ではブルース・バナーを演じた。

※27 「ロッテン・トマト」
1999年に設立されたアメリカの映画評論サイト。名称は「腐ったトマト」の意で「まずい演技に怒った観客が腐ったトマトを投げつける」という行為を想定して名づけられた。肯定的レビューが60％以上の場合は「レビュアーの大多数がその映画を推奨した」ものとしてfresh（新鮮）、60％未満の場合はrotten（腐敗）の格付けがされる。

アベンジャーズ、アッセンブル！

"Anybody on our side hiding any shocking and fantastic abilities they'd like to disclose? I'm open to suggestions."

——**TONY STARK**

(*Captain America: Civil War,* 2016)

誰か僕らのなかで
びっくりするようなすばらしい能力を
隠しているやつはいるか？　歓迎する。

——トニー・スターク

（『シビル・ウォー／キャプテン・アメリカ』[2016]）

何年もマーベルとウォルト・ディズニー社の関係は取り沙汰されていた。

スタン・リーはマーベルを次のディズニーにしようとしてカリフォルニアに移住したのだ（66ページ参照）。マーベルがニューワールドに買収されたときは、同社からディズニーのようにオリジナル・グッズを売る店を各地に開くように求められた（87ページ参照）。

そしてもしマーベルが映画制作に参入すれば、ディズニーの強力なライバルになると市場では見られていた。だが、最終的にマーベルはディズニーの傘下に収まることになった。

ディズニーの傘の下へ

ディズニーによるマーベルの吸収合併戦略は２００９年２月にはじまった。

当時のディズニー社のＣＥＯボブ・イーガー[※1]がデイビッド・マイゼルと会談し、マーベル買収を持ち掛けたのだ。それから３か月間、ディズニーとマーベル両社は交渉をつづけた。

ときには電話で、ときには役員たちが顔を突き合わせて会談をつづけ、両社は合意に至った。**ディズニーはマーベル・エンターテインメントに40億ドルを現金と株式で支払う。**

さらにマーベル社に対しては１株50ドル支払う。マーベル社はさらに高い額を求めたが、専門筋によると、ディズニーは29パーセント分前払いすることで手を打ったという。

「マーベルのブランドと宝のようなコンテンツの数々が驚くべきことにわれわれのものとなります」とイーガーは発表した。

「マーベルがこれまで作り上げてきたものに見合う、ディズニー社として支払うことのできる額を支払いました。大変な額ですが、当然支払われるべき額です」

2009年12月31日、契約は締結された。

マーベルは歴史において初めて十分な資金を持ち、スタン・リー、アヴィ・アラッド、ケヴィン・ファイギが望んだ映画制作ができるようになる。

だが、見通しは必ずしも明るくなかった。

各種契約は深く吟味されることなくほんの数年で結ばれたから、あちこちにほころびが生じた。マーベルがはるか昔にソニー・ピクチャーズ・エンターテインメントやパラマウント・ピクチャーズや20世紀フォックスと結んだ契約はまだ残っており、**ディズニーはマーベルに代わって各社との交渉に臨まなければならなかった。**

ソニーは依然として、スパイダーマンの権利を保持していた。

パラマウントはマーベル映画5本の配給権を有していたが、こちらは2010年10月にディズニーがパラマウントに1億1500万ドルを支払うことで『アイアンマン3』(2013)と『アベンジャーズ』(2012)の全世界での配給権を手に入れた。契約には制作会社としてパラマウントの社名はどちらの映画にもクレジットされることが盛り込まれたが、ディズニーが単独で権利を有し、配給も予算立てもマーケティングもすべて自由にこなせることになった。

20世紀フォックスとの権利問題の交渉はさらにむずかしいものになった。**フォックスは『X-MEN』と『ファンタスティック・フォー』の権利をほぼ永久に所持する契約**になっていたのだ。この問題に関しては、解決策を練る時間が必要となった。

右腕を得たケヴィン・ファイギ

ディズニー傘下に移行が進むあいだも、ケヴィン・ファイギとマーベルのプロデューサーたちは脇目も振らず仕事に邁進した。

ディズニーのような大きな会社では数十、数百の映画の企画や脚本が常に同時進行しているが、マーベルは一度に扱う企画をかなり絞り込み、立ち上げたものはどれも必ず完成させる。ディズニー傘下に入ったことで、マーベルはディズニープラスでテレビ・シリーズも手掛けることになった。

こちらでファイギが直接制作に関わることはないが、まずは『アベンジャーズ』の監督を務めたジョス・ウェドン指揮のもと『エージェント・オブ・シールド[※2]』のシリーズが作られ、ＡＢ

Cで放映された。

その後はディズニー社内のテレビ番組制作局がマーベルの作品を作り出し、ABC、ネットフリックス、フールーなどで放映され、マーベルは拡大をつづけている。

映画制作において、ケヴィン・ファイギは**強力なふたりの助っ人を得た**。業界で長年むずかしい映画制作をこなしてきたルイス・デスポジート※3とヴィクトリア・アロンソ※4が加わり、創作に集中できるようになったのだ。

ルイス・デスポジートは長らくアシスタント・ディレクターとして役者と撮影監督以外のすべての仕事をこなして頭角を現し、『ザスーラ』（2005）で制作総指揮を任された。つづいて『アイアンマン2』（2010）でもジョン・ファヴローとともに同じ制作総指揮を務めている。その後はマーベルと専属契約を結び、マーベル・スタジオの副社長に就任した。

ヴィクトリア・アロンソは視覚効果技術者としてキャリアを積み、『アイアンマン』の視覚効果を担当しただけでなく、プロデューサーのひとりに名を連ねた。『アイアンマン2』でも声がかかり、正式にマーベルに加わることになった。現在はマーベル・スタジオ制作部のエグゼクティブ・ヴァイス・プレジテントの職にある。

副社長としてルイス・デスポジートは水面下で多くの仕事をこなし、ヴィクトリア・アロンソはマーベルのすべての映画の視覚効果を担当すると同時に、マスコミ対応も務め、各種イベントに参加してファンと交流している。デスポジートは自分たちが与えられた任務について述べている。

「あちこちのエージェントからの役者やライターや監督などに関する電話での問い合わせは僕がさばき、ヴィクトリアは配給やポスト・プロダクションに対処する。これでケヴィンは創作に集中できるんだ」

壮大な構想・MCU

ファイギ率いるスタジオ・チームは『アイアンマン』『インクレディブル・ハルク』に加えて、『アイアンマン2』、『マイティ・ソー』(2011)、『キャプテン・アメリカ／ザ・ファースト・アベンジャー』(2011)、『アベンジャーズ』(2012)の4作を作り上げて、「フェーズ1」を完成させて、マーベル・シネマティック・ユニバース(MCU)をさらに拡大しようとした。「フェーズ1」ではマーベル・コミックの創成期に見られたのと同じように、**ヒーローたちがひとつの世界を分かち合う。**

1940年代にオリジナル・コミックでサブマリナーやヒューマン・トーチがそれぞれの作品に登場したのと同じように、マーベルの各スーパーヒーローが自分の作品だけでなく、ほかのヒーローの映画にも登場するのだ。マーベル・スタジオは第1作『アイアンマン』のポスト・クレジット・シーンにサミュエル・L・ジャクソン演じるニック・フューリーを登場させて、すでにこれを行っている。だが、当初はマーベルのコミック・ファンへのおまけ映像くらいのつもりだった。

「エンドクレジットのあとに入れたんだ。そこなら、邪魔にならないからね」とファイギは言う。

ところがフューリーはファンに受け入れられ、その後この映像についてネット上であれこれ論議が交わされていることがわかり、ファイギは**今後の映画をすべてつなぎ合わせることができる**と思った。

「コミックを全部取り込んで、マーベル・ユニバースを作り上げようとしたんだ」

映画をつなぎ合わせるためにマーベルはサミュエル・L・ジャクソンと9本の映画出演の契約を交わした。ここからジャクソンはほぼすべての映画をリンクさせる重要な役割を果たすことになる。

ジョン・ファヴローは『アイアンマン』公開直後に『アイアンマン2』の監督を務める契約を交わした。ロバート・ダウニー・ジュニアはもちろん引きつづき主役を演じ、ファヴローとともにマーベル映画の今後の枠組み作りにも協力することになった。

『アイアンマン』と同じようにどの映画もストーリーがよく練られ、アクションもユーモアもふんだんに盛り込まれる。

スーパーヒーローは一元的で人間味の感じられないものにはしたくない。そうではなく、欠点も複雑な感情も抱えたヒーローたちが、不正や悪や強敵だけでなく、**自身の内面の葛藤とも戦う**。ヒーロー同士が衝突することもある。

映画はどれもコミックを元に作られるが、キャラクター同士のつながりはもっと深く、感情を込めて描かれる。すべての映画がつながり合うが、それぞれ1本の作品としてすぐれたものにしたい。

「僕らはそれを目指している」とファイギは言う。

「そんなふうにしたいし、それによって映画の質が高まる」

それぞれの映画に魂と生命力を吹き込むのは監督だ。ケヴィン・ファイギとアヴィ・アラッドは『アイアンマン』にジョン・ファヴローを起用したことで最高の結果をもたらしたが、『インクレディブル・ハルク』のルイ・レテリエは失敗だった。だが、ふたりは学んだ。

「早いうちにわかったけど、映画制作者である僕らの仕事は映画に独特の音色をもたらし、撮影中もポスト・プロダクションのあいだもずっと響かせることだ」とファイギは言う。「非常にすぐれたアーティストや技術者たちに手伝ってもらい、枠組みを、大きなキャンパスを作り上げる。僕ら映画制作者がすべきことはそこから逸れることなく、個性あふれる作品を作ることだ」

ファイギが望んだのは、元になるオリジナル・コミックと同じように、すべてのマーベル映画をほかにはないものにすることだ。

「スーパーヒーロー映画と聞くと、ああ、電話ボックスに駆け込んで、マントを着て、銀行強盗を捕まえるんだろうと思うかもしれない」

でも、コミックも小説と同じでキャラクターも話の筋もさまざまだ。

ファイギは**小説を元にした映画に対してはそれほど偏見が示されない**ことに気づいた。

「みんなわかっているからね。それが小説だ、と。小説はみんな違うってわかってるんだ」

マーベル・スタジオの映画は、コミックも同じだと人々に示すことだろう。

「コミックだってみんな違う。ストーリーはみんな違うし、どのキャラクターも異なる経験を積んでいる」

監督候補者たちのオーディション

ファイギは監督を選ぶ方法を変えた。

ハリウッドの映画業界では監督が自らエージェントやプロデューサーたちに売り込んで、その映画は自分が手掛けるのがいちばん望ましいと思わせなければならない。マーベル内でファイギはこの流れをひっくり返した。

監督候補者を見つけて、彼らにオーディションを受けてもらうのだ。チームでどんな映画が作りたいか、話の筋やトーンをどんなふうにしたいかじっくり話し合ったのちに、これはと思う映画監督に声をかける。

ファイギは説明する。

「スタジオ内でほんとに何度も会議が開かれる……。(その監督に任せれば)どんな感じの映画になるかイメージし」、そのあといくつも会議が開かれて「じっくり話し合う」もし候補に考えている監督が「こっちが最初に提案した以上のことをしてくれそうなら、その人にお願いすることになる」

ファヴローが『アイアンマン2』の制作に入る前に、ファイギは次の映画『マイティ・ソー』について考えていた。

ソーをアイアンマンやハルクが活躍するハイテクSFファンタジーのなかに溶け込ませるのはむずかしいのではないかという質問に、彼は答えている。

「そんなことはない。僕らはジャック・カービーとスタン・リーとウォルト・サイモンソン[※5]とJ・

マイケル・ストラジンスキー[※6]の作った『マイティ・ソー』を映画にしようとしているのであって、古代の北欧神話の物語をよみがえらせるつもりはない。それにマーベル・ユニバースの『マイティ・ソー』に出てくるのは、アスガルド人だ」

つまり、マーベルの『マイティ・ソー』は地球の神々ではなく、**宇宙の別の惑星に住む人たちの物語**だ。そんな人たちを映画に登場させるにあたってファイギが起用したのは、イギリスのシェークスピア俳優で舞台監督のケネス・ブラナー[※7]だ。

ケネス・ブラナーは幼いときから『マイティ・ソー』のコミックに親しんできた。そんなブラナーが作り上げようとしたのは、「すべての元となる『偉大なる人々は普通の人々のなかにいる』という神話的理想」だ。

ブラナーは説明している。

「ここにはコミック世代の物語も、放蕩息子の物語も、傲慢さが抜けて人間的に成長する過程も描かれている。この古典的な構造によって、現代的なものと伝統的なものが時代を超えた見えない糸で結びつけられているように思えた」

ブラナーが望む脚本が書き上がるまで2年かかった。

「この新たな時空……スペース・アドベンチャーによってそもそもがはじまる場所を探す必要があった」とブラナーは説明する。

「大きな不安もあった。その時空をうまく設定できないと、映画全体の雰囲気を計画通りに膨らますのがむずかしくなる」

ブラナーが主役のソーに抜擢したクリス・ヘムズワースもロキ役に示したトム・ヒドルストン[※8]も、「無名」と思われた。

ある芸能レポーターは書いている。

「J・J・エイブラムス[※9]が試みたように、俳優の出演料を安く上げて、特殊効果にお金がかけられることを期待しよう」

映画『マイティ・ソー』は特殊効果に充てる費用を削ることもなかったし、役者たちの演技を心配する必要もなかった。映画そのものを心配する必要もなかった。

前年2010年に公開され、6億2400万ドルの収益を上げた『アイアンマン2』にこそ届かなかったが、2011年5月に公開され、全世界で4億4900万ドルを稼ぎ出した。数か月後の7月に公開された『キャプテン・アメリカ／ザ・ファースト・アベンジャーズ』の3億7500万ドルの興行成績を上まわったのだ。

マーベルのフェーズ1の決まりごとになったが、どの作品にも各スーパーヒーローの誕生の物語が盛り込まれた。

『アイアンマン』にはトニー・スタークの物語が中心に据えられた。マイティ・ソーはほかのマーベルのスーパーヒーローと違って突然超人的パワーを得たわけでないから、典型的なヒーロー誕生物語にはなっていないが、彼がいかにして神の力を取り戻し、いかにして地球に居場所を見出したかが描かれている。神の力を手にしていたソーがそれを奪われてしまったことを知らないと、のちのマーベル映画において、なぜ彼がそこにいて、何をしようとしているのか理解できない。

だが、『インクレディブル・ハルク』はそうではなかった。

ファイギは『インクレディブル・ハルク』を観る人たちは2003年公開のアン・リー監督の『ハルク』を観ているだろうから、そこでハルク誕生の物語を繰り返す必要はないと考えたのだ。

『ハルク』の監督ルイ・レテリエも主役のエドワード・ノートンもそう思い、ブルース・バナーが兵士強化の実験に失敗し、自身が緑色の怪物に変身してしまうというハルク誕生の物語はオープニング映像にごく短くまとめるにとどめたのだ。だが、ファイギとマーベルはこの失敗に学んだ。以来、新しいキャラクターを投入するマーベル映画には、どれも例外なく**彼らの誕生の物語**が織り込まれている。ジョン・ファヴローは言う。

「最初の映画には精神的に悩み苦しむヒーローたちの姿が描かれることになった。最初の映画は常にふたつの映画からできている。ヒーロー誕生の物語と、ゴッサム・シティ[※10]の水系で起こる物語が盛り込まれる」とファイギはライバルDCの世界の概念を口にして比喩的に答えている。

「ふたつの顔（ヒーロー誕生の物語と映画としての物語）を持つフランケンシュタインのような感覚を常に感じることになる」

アベンジャーズ集結

最初の5本を作り上げたマーベル・スタジオとファイギが最後に取り組んだのは、フェーズ1を完結させる『アベンジャーズ』（2012）だ。

ファイギが監督として白羽の矢を立てたのは、ジョス・ウェドンだ。

ジョス・ウェドンは『X－MEN』の脚本の修正や書き直しを行ったほか、クレジットこそされていないが『キャプテン・アメリカ／ザ・ファースト・アベンジャー』の脚本も共同執筆している。ウェドンは早速「アベンジャーズ、集合だ」（Avengers:Some Assembly Required）と題した5ページのシナリオを書き上げた。ファイギはそれを大変気に入り、ウェドンを監督に抜擢したが、求めたのは以下の3つだけだ。

1 アベンジャーズはロキと戦わざるを得なくなる。
2 映画の中盤、アベンジャーズ内で衝突が起こる。
3 最後にアベンジャーズが力をあわせて敵と戦い、勝利を収める。

ウェドンは、これはいけると思った。

「アベンジャーズのメンバーはみんな同じところから出てきたわけじゃない」

生まれ育った背景も違うし、違う目的や問題も抱えている。

彼らの集結は映画で言えば、『特攻大作戦』（1967）と、『博士の異常な愛情』（1964）と、『アビス』（1989）と、『ヒズ・ガール・フライデー』（1940）と、『ブラックホーク・ダウン』（2001）をあわせたようなものだとウェドンは見ていた。

ファイギが特に興味を示したのは、ハルクがほかのメンバーと一緒になるときに、あの「予想できない変身」にどう対処するかだ。

キャスティングが進み、ハルクはマーク・ラファロ[※11]が演じることになった。2008年の映画でも候補に挙がっていたラファロはついにその役を得たのだ。今度のハルクの姿はこれまでのものとは全然違うものになると知って、彼は興奮した。

「これまでの映画のハルクはどれもコミックに忠実じゃなかった。みんなCGで作られていたからね」

『アベンジャーズ』では、ジェームズ・キャメロンが『アバター』（２００９）で試みたように、ハルクを特殊メイクとストップ・モーション・キャプチャー[※12]で描き出そうとしたのだ。ラファロは熱く語っている。

「本物のハルクを演じるんだ。すごいよ」

そしてうまくいった。

撮影に入ってキャストが集まると、ロバート・ダウニー・ジュニアがリーダーとなり、あれこれみんなの世話を焼いた。ルイス・デスポジートは思い出す。

「ロバートはアベンジャーズの物語をよく理解していて、驚くような演技を見せてくれたよ。いつもアドリブを入れるんだけど、どれもぴったりはまって、脚本よりよくなっているんだ。現場ではゴッドファーザーのように、みんなの面倒を見てくれたよ」

ダウニーは『アベンジャーズ』にもグウィネス・パルトローにペッパー・ポッツとして出てもらわないといけないと強く求めた。ウェドンはこれまでの5作に脇役で出たキャラクターを今回は外すつもりだったが、ダウニーはパルトローに出演してもらいたかったのだ。

ホークアイ役のジェレミー・レナーがみんなの気持ちを代弁する。

「アベンジャーズはカメラがまわっているときもまわっていないときも、すごく強くつなが

ついに集結したアベンジャーズ。左からスカーレット・ヨハンソン（ブラック・ウィドウ）、クリス・ヘムズワース（ソー）、クリス・エヴァンス（キャプテン・アメリカ）、ジェレミー・レナー（ホークアイ）、ロバート・ダウニー・ジュニア（アイアンマン）、マーク・ラファロ（ハルク）。日本版ポスターのコピーは「日本よ、これが映画だ。」。（写真：Everett Collection/アフロ）

り合っているんだ」

『アベンジャーズ』は公開週の**土日だけで2億ドルを超える収益**を上げ、記録を塗り替えた。マーベル・チームは興奮したが、ほかにも確かなものが得られないと成功したとは言えないと考えていた。

制作総指揮のジョン・ファヴローは述べる。

「映画が成功するかどうかは、公開週のウィークエンドではなく、翌週のウィークエンドにどれだけ収益が上げられるかで決まる」

公開から少し後の興行収入で、さらにどれだけの人たちが映画館に足を運んでくれたかわかると考えていたのだ。

「映画がよくできているかどうかもそれ

でわかるんだ。自分がしたことは正しかったのか、僕のしていることをみなさんは喜んでくれているのか、制作者としても一個人としてもそこでようやくわかり、やった、成功した、と言える」

公開第2週の週末に、『アベンジャーズ』は1億5000万ドル以上の収益を上げた。

だが、ケヴィン・ファイギは収益だけで成功が推しはかれるわけではないとはっきり言う。

「映画が公開されるとみんな収益のことばかり心配するけど、心配しなくちゃいけないのはそれじゃない。僕らは作りつづけなくてはいけない。観てくれた人たちがどう思ってくれたかが重要なんだ」

観客の満足度を気にしたのだ。『アベンジャーズ』を見た人たちは明らかに満足していた。

『ローリング・ストーン』誌の映画レビューにはこんなコメントが寄せられた。

「『アベンジャーズ』はこれまで観た最高の映画だ。とんでもなくイカしたキラキラの舞台に、マーベルのスーパーヒーローたちが結集するんだ。『トランスフォーマー』みたいだけど、いろんなことを考えさせられるし、ほろりともさせられるし、笑いもある」

ケヴィン・ファイギとマーベルのメンバーは最高の結果を出した。

『アベンジャーズ』は世界中のファンを熱狂させ、最終的に15億ドルの興行収入を上げた。

このあと、ファンの期待にどう応えたらいいだろう？

異なるジャンルの相互作用

マーベル・シネマティック・ユニバース（MCU）の次のフェーズで、ケヴィン・ファイギはさらに6本の映画制作を計画した。

マーベル・スタジオはシリーズを維持できる**質の高い映画を年に2作は作り出せる**と考えたのだ。ファイギは2012年の『アベンジャーズ』の成功で自信を高めていた。

マーベル・シネマティック・ユニバースが受け入れられると思った瞬間はあるかという質問に、ファイギは答えている。

「（『アベンジャーズ』でわかったけど）、みんな僕らのしていることを受け入れてくれているし、すべてのMCU映画が生み出す相互作用を楽しんでくれている。マーベルを支持するとはっきり言ってもらえてもいるし、それからすべて計画通りに進めることができた」

マーベルは『アイアンマン3』（2013）、『マイティ・ソー／ダーク・ワールド』（2013）、『キャプテン・アメリカ／ウィンター・ソルジャー』（2014）によって、フェーズ1に登場したヒーローたちの活躍をさらに描くことにした。ケヴィン・ファイギは説明する。

「フェーズ2もフェーズ1でやってきたことをつづけようと思った。でも同じヒーローの新しい話を同じようにただ作るのではなく、キャストや監督についてはこれまでと同じ選考過程を経て、新しい人たちにお願いしようと思った」

その結果、「これまで『話題作』を扱ったことはないが、違う角度から独自の視点でマーベル映画を見られる」監督が起用されることになった。

ファイギは同時にフェーズ2の映画にさらに革新的な要素を加えることにした。

「どのマーベルの映画もひどくシリアスな要素も、愛しく思わずにいられない要素も、ユーモラスな要素も等しく含まれている。そんな映画を人は観たいだろうし、僕らも作りたい」

だが、そこで終わりにしたくなかった。ファイギはよくある映画のジャンルを考えてみた。スリラー、刑事ドラマ、ロマンティック・コメディ……こういったカテゴリーに入る映画だ。

もし**こういったジャンルの映画の要素を取り入れることができれば、スーパーヒーロー映画がもっと楽しく、もっと面白くなる**かもしれない。

ファイギはただちに『キャプテン・アメリカ／ウィンター・ソルジャー』でそれを試みようとした。監督候補に考えていたコミック世代のジョー・ルッソとアンソニー・ルッソ兄弟[※13]に、「70年代の政治恐怖映画（ポリティカルスリラー）」のジャンルに入れられるようなものにしたいと持ち掛けたのだ。

「ルッソ兄弟に振ってみたところ、ふたりともそれはいいと言ってくれた。そしてすごいアイデアをどんどん寄せてくれたんだ」

『キャプテン・アメリカ／ウィンター・ソルジャー』の撮影に臨むアンソニー・ルッソ（左）とジョー・ルッソ（右）。ＭＣＵに欠かせない人材となった。（写真：Everett Collection/アフロ）

「サンプル映像、ストーリーボード[※14]、脚本などなど、みんな渡したよ」とジョー・ルッソはファイギにあらゆるものを提出したと言う。「30ページの資料を作って、映画のテーマ、雰囲気、戦闘場面……キャプテン・アメリカのキャラクターを作るうえで必要なことをすべて盛り込んだんだ」

同時にルッソはキャプテン・アメリカをこれまでとは異なるイメージのヒーローとしても考えようとした。

「子供の頃、実はキャプテン・アメリカはあんまり好きじゃなかった。ちょっと堅物だと思ったんだ。だからそのイメージを壊して、違う角度から見つめてみたかった。キャプテン・アメリカを弱い部分も人間らしさもあるヒーローにしたかったんだ」

『アイアンマン3』、『マイティ・ソー／ダーク・ワールド』、『キャプテン・アメリカ／ウィンター・ソルジャー』につづくフェーズ2の第4作として、ファイギはまた違うジャンルの映画を打ち出そうとした。

「宇宙映画をずっと作りたかった……宇宙を舞台にしたシリーズを」

『ガーディアンズ・オブ・ギャラクシー』[※15]（2014）はまさにそんな彼の願いを実現するものとなった。

ファイギは、「これから作る『ガーディアンズ・オブ・ギャラクシー』には、愉快なアライグマと木が出てくるんだ」と人に話すのが楽しみだったという。**それを聞いた人がみんなおかしな顔をした**からだ。

『ガーディアンズ・オブ・ギャラクシー』の監督候補にジェームズ・ガン[※16]を考えていたが、ガンが持ってきたソニー・ウォークマンの写真を表紙につけた書下ろしのシナリオを見て、ファイギはただちに彼と契約した。それを見て間違いなく面白い映画ができると思ったのだ。

「ピーター・クイルが銀河のどんなヒーローたちもあり得ないような形で地球につながっているようにしたかった。カバーに描かれたウォークマンを見て、『ああ、ガンはクイルを80年代のウォークマンで地球につなげようとしているんだ！　すごい！』と思ったよ」

『ガーディアンズ・オブ・ギャラクシー』はジェームズ・ガンの選曲もよかったと考える人も多

い。映画全編にご機嫌な曲が流れるし、キャスティングも確かによかった。

「クイルにぴったりの男は見つからないと思っていたよ」とジェームズ・ガンはスクリーン・テストを振り返る。「でもクリス・プラット[※17]が受けにきて、その瞬間、彼しかスター・ロードは演じられないと思った」

ガンはヨンドゥ役にはマイケル・ルーカー[※18]を起用した。ルーカーはガンがこれまで制作した映画全作に出演していて、おたがい気心が知れている。ルーカーはこの役でも何かワクワクするものを持ち込んでくれると期待された。

そのほかベニチオ・デル・トロ[※19]がコレクターを、グレン・クローズ[※20]がノヴァ・プライムを、ジョン・C・ライリー[※21]がローマン・デイを演じることになった。

「みんな大好きな役者で、ありがたいことにこのイカれた映画にそろって出てもらえることになった」

巨大なキャンバスの上で

アントマンはアベンジャーズのオリジナル・メンバーのひとりで、すでにスタン・リーが編集長をしていた時代のマーベル・コミックに登場している。

『アイアンマン』や『キャプテン・アメリカ』や『ガーディアンズ・オブ・ギャラクシー』と同じように、ファイギは『アントマン』も映画にしたいと考えた。マーベルの重要要素であるユーモアもアクションも心温まるやりとりも楽しめるアントマンの映画ができるはずだ。そして『アントマン』は「強盗」のジャンル映画に、すなわち人々を救うために難所に忍び込んで重要なものを盗み出すことをテーマにした映画にしたいと考えた。

ケヴィン・ファイギは言う。

「マーベル・スタジオはスーパーヒーローをたくさん抱えているけど、大切なのはみんなそれぞれほかのヒーローにはないものを持っていて、たがいにつながり合っているけど、誰もがすごく魅力的で超然としていることだと思う」

さまざまな「ジャンル」の映画を作り出すことで、MCUの**「巨大なキャンバスの上」**に1作ごとの違いを出すことができた。

ファイギは言う。

「宇宙映画も作りたいし、ハイスクール映画も作りたいし、強盗映画も作りたいし、スリラーも作りたい。こんなふうにしていつも違うマーベル映画を作り出そうとしている。今度は何を作ろうか?」

フェーズ2の締めくくりとして、MCUのオールスターがふたたび集結することになった。

今度は『アベンジャーズ／エイジ・オブ・ウルトロン』（2015）だ。

監督は『アベンジャーズ』につづいてジョス・ウェドンが務めることになった。

「『アベンジャーズ』のときはみんなほんとにおとなしかったけど、今回はすっかり打ち解けていて、みんなとても楽しそうにしている。あれからシリーズ映画も作られて、結果も出しているからだろうね。みんな気持ちよく仕事しているよ」

役者たちもまた一緒に集まれたことを喜んでいた。家族が再会したようだ。そして仕事は最初からスムーズに進んだ。クリス・エヴァンス[※22]はクリス・ヘムズワースについて、こんなふうに言っている。

「僕らは仲のいい友達だ。アベンジャーズの映画を一緒に作って、すごく友情が深まった。月並みな言い方だけど、『僕らはほんとに楽しんでいる。すっごく楽しんでる。夏のキャンプみたいだ』という感じかな」

「アベンジャーズが集合する映画をいつも巨大で重要なプロジェクトにしたいと思っている」

とファイギは言う。

「スーパーヒーローたちはそれぞれ独自に活躍しているけど、オリジナル・コミックのようにときどき12巻の大きなシリーズに大集合する感じだ」

コミックのヒーローたちはそのあと各自の物語に戻っていくが、みんなそれぞれどこか変化を遂げている。

「映画でも同じことを起こしたい。今度の『エイジ・オブ・ウルトロン』以降はアベンジャーズのメンバーに変更があるからね」

フェーズ2完結を迎えて、ファイギとマーベルは次に何をすべきか心得ていた。予定を微調整したのだ。少し時間を置いて、次のシリーズについて話し合った。

「数年ごとにそうしている」とファイギはどうやってアイデアを捻出するか説明する。

「もちろんオリジナル・コミックからアイデアを得ることはよくある」

だが、彼らは柔軟だ。

「思わぬところから出てくることもあるんだ」という。

自問自答を繰り返して案を捻り出そうとするという。

「この役者で別の映画が作れるだろうか？　作れるなら、作ろう。作れないなら、作ってみよう。もしあるキャラクターの映画化の権利が取れるなら、それはすごい。取れないなら、取ろう」

マーベルはすぐれた脚本家と監督を見事に選び出し、起用された者たちも自分が何をすべきか、マーベルのシステムで仕事をするのはどういうことか、十分に理解している。

ファイギも認識していた。

「サンドボックス[※23]はそもそも現実に存在し、それを共有するのは一体どういうことか、（僕らが選んだ映画監督は）これまでの映画制作者よりよくわかってくれている」

『アイアンマン3』、『マイティ・ソー／ダーク・ワールド』、『キャプテン・アメリカ／ウィンター・ソルジャー』、『ガーディアンズ・オブ・ギャラクシー』、『アベンジャーズ／エイジ・オブ・ウルトロン』、『アントマン』の6作をもって、MCUのフェーズ2は完結した。

6作の合計収益は、52億5000万ドルだ！

ケヴィン・ファイギはこの成功によって今まで以上に自信を得たと述べている。

「スタジオはフル稼働している。マーベル・スタジオはカメラが動いていてもいなくても業界最高のチームだ」

フェーズ2の成功でマーベルが得たいちばん大きなことは、「これまでの方法を変えることなく」、映画を年に2本でなく、3本撮れるようになったことだ。ファイギはこれが大事だと強調する。

もうひとつの戦いの決着

ケヴィン・ファイギはマーベルで映画制作を進めるうえでリーダーシップをつかもうと何年

も調整をはかってきたが、フェーズ2が集結を迎えつつある頃、この問題が重要な局面を迎えつつあった。

２００9年にディズニーにマーベル・エンターテインメントが買収されたとき、熱心なマーベル・ファンはディズニーが強く口出ししてくるのではないかとおそれた。だが、２００６年に買収したピクサーに対しても、ディズニーが干渉することはなかった。買収後に作られた『ウォーリー』(２００８)、『カールじいさんの空飛ぶ家』(２００９)、『トイ・ストーリー３』(２０１０)はどれも高評価を得たし、それぞれ5億２１００万ドル、7億３５００万ドル、10億ドルと興行的にも成功した。

ディズニーはピクサーに対してしたのと同じことをマーベルにもしようとした。マーベルの映画制作を複雑にし、ファイギがストレスを感じていたのは、ディズニーではない。ニューヨークのマーベルの制作管理部門とアイザック・パルムッターだった。アヴィ・アラッドがいたときと同じように、ニューヨークの制作管理部門はハリウッドの映画制作にたびたび口を挟んできた。あらゆるプロジェクトに意見をつけようとするが、それが遅いこともよくあり、制作の進行に支障をきたすことも少なくなかった。

さらに映画制作者にすれば彼らのコメントはどれも不適切だったから、ある者に言わせれば、おかげでフェーズ2の映画制作では監督がふたりいて、事が2倍以上面倒になることになった。加えてパルムッターの「キャスティングに対する考えも予算編成も商品化計画も時代遅れで、大衆文化の流れに逆行している」という噂もささやかれていた。

一例として、オリジナル・アベンジャーズとして登場したブラック・ウィドウのキャラクター・グッズの開発をアイザック・パルムッターが止めていたことがある。どうやら「女性」ヒーローの商品は売れないと考えたようだ。さらに『アイアンマン2』からジェームズ・〝ローディ〟・ローズ役はテレンス・ハワードからドン・チードル[※24]に代わったが、パルムッターは**どちらも黒人だから交代に気づく者はいない**と発言したという。

ファイギがついに行動を起こしたのは、パルムッターが「アベンジャーズ」映画の第3弾『シビル・ウォー／キャプテン・アメリカ』（2016）の制作費を削ろうとしたときだ。

ファイギはディズニーの役員と話し、組織改革を願い出た。ある内部関係者は話している。

「マーベルのニューヨークの役員は昔からあれこれ口出ししてきましたが、まだケヴィンに決定権はなかったのでしょうか？　ケヴィンはすでに会社に数十億はもたらしたではありませんか。映画を作らない72歳の老人に、いつまでもおうかがいを立てないといけないのですか？」

2015年8月、ディズニーが公式に組織改革を発表した。

「マーベル・スタジオはウォルト・ディズニー・スタジオ傘下に入る次の段階に進むことにな

りました。ピクサー、ルーカスフィルムほか、ディズニー社のバーバンクの映画関連グループの重要な柱のひとつになります。つきましては、社長にケヴィン・ファイギが、副社長にルイス・デスポジートが就任し、ウォルト・ディズニー・スタジオ会長アラン・ホルン[※25]のもと、マーベル・スタジオを引きつづき運営いたします。アイザック・パルムッターはマーベル・スタジオから退きます」

信頼できるチームを得て、ディズニーから金銭面の援助も信頼も寄せられ、映画制作法が正しかったことが証明され、大変な収益をもたらしたところで、ニューヨークの煙たい存在がついにいなくなり、ファイギはもっとも野心的なシリーズ、**フェーズ3に取り組む準備**を進める。

※1　ボブ・イーガー（1951〜　）
ウォルト・ディズニー・カンパニーの取締役会長兼会長（2020年より）。ボブ・アイガーとも呼ばれる。2005年CEOに就任。2006年にピクサー・アニメーション・スタジオを買収し、2009年にはマーベル・コミックを、2012年にはルーカス・フィルムを買収、2018年には20世紀フォックスを買収した。

※2　『エージェント・オブ・シールド』
秘密諜報機関シールド（S.H.I.E.L.D.）を題材に、ジョス・ウェドン、ジェド・ウェドン、モーリサ・タンチャローエンがABCで企画したアメリカ合衆国のテレビドラマシリーズ。

※3　ルイス・デスポジート（生年未詳）
映画『コットンクラブ』（1984）や『コーラスライン』（1985）のアシスタント・ディレクターとしてキャリアをスタートさせたが、ディレクターとしては芽が出ず、制作サイドに移ってから才能が開花した。『ザスーラ』（2005）で制作総指揮を任され、2006年には映画芸術アカデミー会員に。『アイアンマン』（2008）、『アイアンマン2』（2010）でジョン・ファヴローと制作総指揮を務めたあとにマーベルと専属契約を結び、マーベル・スタジオの副社長、そして共同経営者に就任。

※4　ヴィクトリア・アロンソ（1965〜　）
アルゼンチンのブエノスアイレス生まれ。女優を志願して19歳でニューヨークに来たが、オーディションは落選つづきで、裏方にまわることを決意。現在はマーベル・スタジオの制作部門トップに立ち、MCU全作品の制作総指揮を担っている。

※5　ウォルト・サイモンソン（1946〜　）
地質学を学ぶべくアマースト大学に進んだが、北欧神話への関心からマーベル・コミックの『マイティ・ソー』に魅せられ、アーティストに志望を転換。1973年にDCコミックで仕事をはじめ、1979年にマーベル・コミックへ。1983年から1987年まで『マイティ・ソー』のライターおよびアーティストとして活躍した。

※6　J・マイケル・ストラジンスキー（1954〜　）
アメリカの作家、プロデューサー。SFテレビドラマ『バビロン5』の脚本・総監督を務めエミー賞、ヒューゴー賞を受賞。コミックファンでもあり、1980年代後半からコミック・ライターを兼務。マーベル・コミックとは専属契約を結び、2001年から2007年まで『アメイジング・スパイダーマン』のライターを務めた。

※7　ケネス・ブラナー（1960～　）
北アイルランド・ベルファスト出身。RADA（王立演劇学校）を首席で卒業したのち、23歳でロイヤル・シェークスピア・カンパニー（RSC）に参加。1996年には映画『ハムレット』の監督・主演を務め、「ローレンス・オリヴィエの再来」と謳われた。近年はディズニー系の映画の監督作が増えている。

※8　トム・ヒドルストン（1981～　）
父親は物理化学者。イートン校からケンブリッジ大学に進んだが俳優に志望を変え、王立演劇学校を出て舞台俳優に。シェークスピア『シンベリン』の演技でローレンス・オリヴィエ賞を受賞。MCUのロキとしてキャスティングされてからようやく世間の注目を集めた。

※9　J・J・エイブラムス（1966～　）
父親はテレビプロデューサー。1991年にハリソン・フォード主演『心の旅』の脚本を書き、メル・ギブソン主演『フォーエヴァー・ヤング』（1993）では脚本に加え、制作総指揮も担当する。スティーヴン・スピルバーグ制作の『SUPER8　スーパーエイト』（2011）で監督・脚本、『スター・ウォーズ　フォースの覚醒』（2012）の監督、『スター・ウォーズ　スカイウォーカーの夜明け』（2019）の脚本・監督を務めた。

※10　ゴッサム・シティ
1807年にワシントン・アーヴィングが記事にして以来、「ゴッサム」はニューヨークの異名として知られるが『バットマン』（DCコミックス刊）の設定では米北東部ニュージャージー州にある架空の都市である。1940年12月に初登場した。バットマンのホームグラウンドとして知られている。ちなみにスーパーマンの住んでいるメトロポリスはデラウェア州にあるという。

※11　マーク・ラファロ（1967～　）
高校卒業後、9年間バーテンダーとして生活しながら、ロサンゼルスで演劇活動を行う。2000年の『ユー・キャン・カウント・オン・ミー』でモントリオール世界映画祭男優賞とロサンゼルス映画批評家協会賞ニュー・ジェネレーション賞を受賞。2010年、映画『キッズ・オールライト』でニューヨーク映画批評家協会賞助演男優賞を受賞。2012年の『アベンジャーズ』でハルクに抜擢された。

※12 ストップ・モーション・キャプチャー
「スター・ウォーズ」のクリーチャーの撮影にも使われており、実際に『STAR WARS クリーチャーズ&エイリアンズ大全 制作秘話と創造の全記録』（マーク・ソールズベリー著、上杉隼人訳、講談社）の次の描写が参考になる。「『ストップモーション』(stop-motion) あるいは『ストップフレーム動画』(stop-frame animation) は、あらゆる特殊効果技術のなかでいちばんよく使われるもののひとつ。その歴史は古く、映画の創成期から使われていた。対象物を写真に撮り、少し動かし、また写真に撮り、動かし、写真に撮り……と、その動きをひとコマずつ撮影する。そして最初からひとつずつ進めると、対象物が動いているように見えるのだ」。特殊メイクしたハルクをこのように撮影したのである。

※13 ルッソ兄弟
アンソニー・ルッソ（1970〜 ）とジョー・ルッソ（1971〜 ）は兄弟で活動する映画監督。大学時代の彼らの作品にスティーブン・ソダーバーグとジョージ・クルーニーが注目し、世に出る。2014年『キャプテン・アメリカ／ウィンター・ソルジャー』、2016年『シビル・ウォー／キャプテン・アメリカ』、2018年『アベンジャーズ／インフィニティ・ウォー』、2019年『アベンジャーズ／エンドゲーム』を監督した。

※14 ストーリーボード
ストーリーボードは、映画の撮影イメージをつかむために主要な場面を簡単に絵に描いて貼りつけておくパネルのこと。「絵コンテ」ともいう。

※15 『ガーディアンズ・オブ・ギャラクシー』
2014年の映画で、マーベル・コミックの銀河でさまざまな犯罪を重ねるヒーローチームを題材とする。

※16 ジェームズ・ガン（1966〜 ）
セントルイス生まれ。コロンビア大学大学院でライティング・フィクションの修士号を得る。1996年監督デビュー。2014年『ガーディアンズ・オブ・ギャラクシー』で監督・脚本を務め注目される。2018年『アベンジャーズ／インフィニティ・ウォー』、2019年『アベンジャーズ／エンドゲーム』では制作総指揮も務めた。

※17 クリス・プラット（1979〜 ）
ハワイのマウイ島でホームレス生活を送っていたが、1998年に女優レイ・ドーン・チョンにスカウトされて映画デビュー。2014年『ガーディアンズ・オブ・ギャラクシー』のスター・ロード役で主演を務め、世界興行収入が7億ドルを突破する大ヒットとなり一躍スターダムにのし上がった。ふたり目の妻はアーノルド・シュワルツェネッガー（62ページ）の長女で作家のキャサリン・シュワルツェネッガー・プラット。

※18 マイケル・ルーカー（1955〜 ）
アラバマ州出身。13歳のときに両親が離婚して母親とともにシカゴに移り住み演技を学ぶ。1986年『ヘンリー』で実在の殺人鬼ヘンリー・リー・ルーカスを演じて注目される。以降、主に悪役として映画に出演。2014年『ガーディアンズ・オブ・ギャラクシー』ではヨンドゥ・ウドンタを演じた。

※19 ベニチオ・デル・トロ（1967〜 ）
プエルトリコ出身の俳優。祖父も両親も弁護士。カリフォルニア大学サンディエゴ校で演技に目覚めて中退。2000年『トラフィック』でアカデミー助演男優賞を受賞。2008年『チェ』ではチェ・ゲバラを演じ、カンヌ国際映画祭男優賞を受賞。2017年『スター・ウォーズ　最後のジェダイ』では、DJ役で出演した。

※20 グレン・クローズ（1947〜 ）
1974年から舞台女優としてキャリアをスタートさせる。1982年に映画デビュー作『ガープの世界』でロサンゼルス映画批評家協会賞助演女優賞を受賞。その後出演した『危険な情事』のストーカーなどの悪女役の印象が強いが、これまでトニー賞を3回受賞し、アカデミー賞には7回ノミネートされている演技派。

※21 ジョン・C・ライリー（1965〜 ）
8歳からアマチュアの舞台に立っていた。映画デビューは1989年の『カジュアリティーズ』で、以来脇役として多くの話題作に出演。特にポール・トーマス・アンダーソン監督作品の常連として知られている。

※22 クリス・エヴァンス（1981〜 ）
高校在学中にニューヨーク・ブルックリンでスカウトされ、役者としてデビュー。2005年『ファンタスティック・

フォー』のヒューマン・トーチ役で一躍知名度を上げ、２０１１年『キャプテン・アメリカ／ザ・ファースト・アベンジャー』では主人公を演じた。

※23 サンドボックス
画面内の３次元空間を自由に移動できるゲーム。

※24 ドン・チードル（１９６４～ ）
父親は精神科医、母親は教師。カリフォルニア芸術大学で学びテレビから役者としてのキャリアをスタート。２００４年『ホテル・ルワンダ』でアカデミー主演男優賞にノミネート。２０１０年『アイアンマン２』でジェームズ・ローズ中佐を演じ知名度を大きく上げる。

※25 アラン・ホルン（１９４３～ ）
ニューヨーク州ロングアイランドで育つ。ワーナー・ブラザースの社長兼ＣＯＯを務め『バットマン』シリーズや『ハリー・ポッター』シリーズを成功させた。現在はウォルト・ディズニー・スタジオの会長、チーフ・クリエイティブ・オフィサー。

さらに上の、輝かしい高みへ

"I can do this all day."

——**Captain America [2012]**

まだやれる

——キャプテン・アメリカ（2012）

"Yeah, I know. I know."

——**Captain America [2023]**

ああ、だろうな

——キャプテン・アメリカ（2023）

(*Avengers: Endgame,* 2019)

（『アベンジャーズ／エンドゲーム』[2019]）

おかえりスパイダーマン

マーベルの歴史で常に最高の結果がもたらされたのは、売るべき人が売る仕事をし、ライターやアーティストやクリエイティブ部門の管理者たちが**自由な裁量を与えられて最高の仕事をしたとき**だ。

マーティン・グッドマンが経営に徹して商品と売上を管理し、スタン・リーがアーティストたちと今も読者に愛されているヒーローたちの物語をコミックにしていたときが、そうだった。

同じように、ケヴィン・ファイギは自由に創作できる体制をついに手に入れて、マーベル・シネマティック・ユニバースのフェーズ3制作に乗り出した。『シビル・ウォー／キャプテン・アメリカ』(2016)からはじまる9本の映画を作り出すのだ。

だが、そんなときにおかしなことが起こった。

そしてそれはアイザック・パルムッターによって引き起こされたのだ。

ソニー傘下のコロンビア・ピクチャーズはスパイダーマンの映画化権を10年以上保持し、それでかなりの利益を上げていた。サム・ライミが監督した『スパイダーマン』(2002)、『スパイダーマン2』(2004)、『スパイダーマン3』(2007)は合計25億ドルの興行収入を上げる大ヒット・シリーズになった。

ケヴィン・ファイギもアヴィ・アラッドとともに制作チームに加わっていた。だが、サム・ライミは次のシリーズから外れることになり、ソニーは方向性を失った。マーベルとの契約には、スパイダーマンの映画が5年9か月作られることがなければ、ソニーはスパイダーマンの映画化権を失うと定められていた。

重い腰を上げてソニーは新たに「アメイジング・スパイダーマン」シリーズを立ち上げることにした。アンドリュー・ガーフィールド[※1]をスパイダーマン/ピーター・パーカーに抜擢し、まるで前のシリーズが存在していなかったかのように、スパイダーマン誕生の物語が驚くほど同じような形で語り直されることになった。

ファンには当然受け入れられなかった。

『アメイジング・スパイダーマン』はトビー・マグワイア主演の前シリーズのどの作品よりも興行的に失敗した。つづいて2014年に『アメイジング・スパイダーマン2』が作られたが、これも予想を下まわる7億8000万ドルの収益にとどまった。それほど悪くない額に思えるかもしれないが、予算を差し引けば実益2000万ドルにしかならない。

ソニーのスパイダーマン映画は思うような結果が出せなかったことで、マーベルが制作販売するキャラクター・グッズも十分な利益を生み出せなかった。アイザック・パルムッターはこれを不服とし、ふたたびスパイダーマンの映画化権を取り戻したいとソニーに申し出るが、ソニーがしたがうはずはなかった。

ケヴィン・ファイギには別の案があった。

スパイダーマンをソニーと共有するのだ。

新しいメンバーとして、『シビル・ウォー／キャプテン・アメリカ』に再登場させる。代わりにコロンビア・ピクチャーズが制作する新しいスパイダーマンの映画にアイアンマンを登場させる権利をソニーに与える……。

ファイギはソニー・ピクチャーズ・エンタテインメントの共同会長エイミー・パスカル[※2]とすでに仕事をしていたので、彼女にこの考えを伝えたが、一蹴された。だがソニーはのちに再考し、パルムッターは契約締結にこぎつけようとするものの、提案はマーベルにあまりに有利なものだった。

最終的にファイギとパスカルが合意に達した条件は、マーベルがスパイダーマンの映画を制作するが、配給はソニーが行い、ソニーが映画のすべての収益を得る、だがマーベルは玩具を含めてキャラクター・グッズの売上の100パーセントを手にするというものだった。

映画関係者は、この合意を「普通ではない」としている。

「ほとんどお金は動かず」「両社がいちばん人気のあるキャラクターを共有することになった」からだ。

「サム・ライミのスパイダーマン3作の制作に参加できたのは本当にラッキーだった」とファイギは振り返る。「ソニーが次のスパイダーマンの映画について話すときが来て、エイミー・パスカルはスパイダーマンをMCUに入れたいという僕のアイデアを聞いて、すごくうれしかったと思うよ。まず『シビル・ウォー』に登場させてから、MCUのスパイダーマン映画を作る。トニー・スタークがピーター・パーカーを指導するんだ。コミックの外の世界では誰も見たことがないスパイダーマンだ……。スパイダーマンはほかのスーパーヒーローと別世界に住んでいるわけじゃない。彼だけ自分の世界に閉じこもっているわけじゃない。アイアンマンが空を飛び、ハルクが車をスマッシュする世界に彼もいるんだ。そんなピーター・パーカー／スパイダーマンは映画で見たことがなかった」

かつてない挑戦

ソニーとの契約も解決し、ファイギはフェーズ2で成し遂げたことをもとにさらに大きなことに挑戦しようとしたが、簡単なことではなかった。

「いつもプレッシャーを感じる。どのキャラクターを扱うときもそう。それはそうだよね、ずっと昔からすごく愛されて、すごく尊敬を集めているスーパーヒーローたちを映画にするんだから」

だが、『X‐MEN』からマーベルの仕事をはじめたファイギは、すでにいろんなことを経験している。ファイギは回想するが、あの頃はこんなふうに言われた。

「『X‐MEN』か。あれはだめだよ。マーベルの映画だからね」

マーベル映画のフェーズ1の成功より、フェーズ2の成功のほうがさらに驚くべきことだった。2作目、3作目をさらによいものにして、シリーズとしてつづけることはひどく大変なことだからだ。

ファイギとマーベル制作チームはこれに挑戦し、ファンを興奮させる映画を次々に作り出して、数十億ドルの収益をもたらした。**フェーズ3でも同じことができるだろうか？**

ケヴィン・ファイギは9本の映画を構想した。3本はすでに作られたスーパーヒーロー映画の続編となる。1本はある映画に出てきたヒーローを主役にしたもので、そこに新しいヒーローも登場する。3本は新しいヒーローの映画だ。2本はアベンジャーズが大集合する映画で、フェーズ3が完結する。

フェーズ3で打ち出されたすでに作られたスーパーヒーロー映画の続編3本は、『シビル・

ウォー／キャプテン・アメリカ』（2016）、『ガーディアンズ・オブ・ギャラクシー：リミックス』（2017）、『マイティ・ソー　バトルロイヤル』（2017）だ。どの映画も各ヒーローの物語を引きつづき描きつつ、新たな部分に光を当てる。

「みんなで集まれば何をしたいかすぐにわかる」と『キャプテン・アメリカ／ウィンター・ソルジャー』を監督したジョー・ルッソは言う。彼はふたたび弟アンソニーとともに『シビル・ウォー／キャプテン・アメリカ』のメガホンを取ることになった。

「そのあと、僕らがしたいと思ったことがほかの映画のストーリーにどんな影響をおよぼすかどうか自問してみる。『あの映画ではどうなるか？　この映画に何か少し入れられるか？』というふうに。ここから各映画のつながりを考えてみるわけだけど、何より大事なのは湧きあがってきたアイデアを形にしてみようとすること。なぜなら、そうしたアイデアはストーリーを作っているときに消えてしまうから大事に取っておかないといけない。ケヴィンはどの映画も精力的に制作を進めるけど、いつもあとの映画のことも考えている。というのは、先のことを考えると、ふたつのことがあり得るからね。ひとつは、今作っている映画に集中しないと、その映画が失敗してしまう。ふたつ目に、もしそんなことになれば、もう次の映画は作れなくなる。だからいつもケヴィンは『今やってる映画に集中しよう。それができた時点で次の映画を心配しよう』という気持ちでいるんだ」

『シビル・ウォー／キャプテン・アメリカ』はスパイダーマンをマーベル・シネマティック・ユニバースに呼び戻すことができただけでなく、キャプテン・アメリカの性格をさらに掘り下げ、彼がアイアンマンと激しく対立し、彼らMCUの2大ヒーローの関係がもはや修復不可能と思われる状態になるところまで描き出した。

躍動する3人の監督

『マイティ・ソー　バトルロイヤル』でファイギは新しい風を吹き込んでくれる監督をふたたび見つけ出した。

タイカ・ワイティティ[※3]だ。

「決め手はやっぱりタイカの2010年の映画『BOY』だったよ。そしてタイカに会って彼でいこうと決めた」とファイギはタイカを監督に起用するにあたって言っている。

ニュージーランド人のワイティティは短篇コメディ映画監督として活動を開始したが、アドリブを入れることもよくあった。そんなワイティティは『マイティ・ソー』に違う一面をもたらし、ファイギもそれを気に入ったのだ。ファイギは言う。

「タイカはどんな映画を作りたいかわかっていたよ。これまでになかったスケールの大きな映画を常にイメージしていたんだ。最初のミーティングにイメージ動画を作って持ってきてくれたんだけど、これがまた傑作だった。これまでのソーの映画からイメージ映像を取って、独自のセンスとアイデアで編集していたんだ。そしてレッド・ツェッペリンの『移民の歌』をバックミュージックに使っていたよ！　まったく斬新なアイデアだった。『これだ！　これを映画に使おう。この曲で注目を集められる！』と僕は思った。ほんとにその通りになったよ」

『ガーディアンズ・オブ・ギャラクシー：リミックス』は前作につづいてジェームズ・ガンに監督を任せた。この第2作でピーター・クイルは自分の生い立ちを知り、生きているとは思わなかった父に出会う。

ガンはマーベルのコミックに出てくるエゴ[※4]をピーターの父にすることにした。エゴはファンタスティック・フォーに出てくるキャラクターだが、問題がひとつあって、ファンタスティック・フォーの映画化権は20世紀フォックスが所有していたのだ（すでに見てきたように、マーベルは不利な契約をいくつも交わしてきた）。

だが、マーベルとジェームズ・ガンは運がよかった。

ちょうどその頃、20世紀フォックスの『デッドプール[※5]』（2016）の制作者たちが、そこに登場するマーベルのキャラクターでサイキック・パワーを持つネガソニック・ティーンエイジ・ウォーヘッドに違う能力を与えたいと考えていたのだ。だが、マーベルとの契約書に、20世紀フォックスはマーベルのオリジナル・キャラクターをいかなる形で変える場合も、マーベルの許可を取らなければならないと記されていた。

そこでマーベルと20世紀フォックスは**交換条件を交わすことにした。**マーベルはエゴを『ガーディアンズ・オブ・ギャラクシー：リミックス』に登場させる代わりに、20世紀フォックスに『デッドプール』でネガソニック・ティーンエイジ・ウォーヘッドに爆破能力を与えることを認めたのだ。

こうしてライバル社のあいだで協約がひとつ成立し、未来に新たな可能性が開かれることになった。

『アントマン&ワスプ』（2018）には、新しいスーパーヒーロー、ワスプを登場させた。

この女性ヒーローの物語を描くだけでなく、彼女の両親が初代のアントマンとワスプであったことも明かされた。女性ヒーローの名前がタイトルに使われるのはMCU映画では初めてのことだった。前作『アントマン』（2015）につづいてペイトン・リード[※6]が監督を務めた。ポール・ラッド[※7]が同じく前作につづいてアントマン／スコット・ラングを演じ、脚本も共同で手掛けることになった。『アントマン&ワスプ』は大成功し、前作を上まわる1億ドルの収益を稼ぎ出した。

実際、『マイティ・ソー　バトルロイヤル』『ガーディアンズ・オブ・ギャラクシー：リミックス』

『アントマン＆ワスプ』の続編3作は、どれも前作以上の興行収入を上げた。

魔術が世界観を拡張する

フェーズ3におけるケヴィン・ファイギとマーベル・チームのもっとも革新的な試みは、3名の新しいスーパーヒーローを登場させて、彼らを**アベンジャーズのストーリーを完結させる重要なポジションに置いた**ことだ。

ファイギが言うように、『ガーディアンズ・オブ・ギャラクシー：リミックス』『マイティ・ソー バトルロイヤル』『アントマン＆ワスプ』がマーベル・シネマティック・ユニバースの新たな面をそれぞれ切り拓き、『ドクター・ストレンジ』によってマーベル・スタジオはMCUで魔術と秘術を使えるようになったのだ。

「ドクター・ストレンジ、秘術の伝承者、至高の魔術師。魔術、多元宇宙[※8]（マルチバース）、並行次元[※9]（パラレル・ディメンション）。こうした魔法使いのあらゆる概念も、マーベル・コミックのストーリーでとても重要だ」とファイギは言う。

「それをここでMCUに取り込もうと思った。ドクター・ストレンジが最初から鍵を握っていた。『ドクター・ストレンジ』をほぼ撮り終えて、ポスト・プロダクションで視覚効果を考えていたところ、ここで幻覚を呼び起こすものを入れられると気づいたんだ」

マーベルが『ドクター・ストレンジ』の監督選びを開始すると、名乗りを上げたのは業界人だけではなかった。

あらゆる記録を塗り替えて猛スピードで突き進むマーベルの列車に誰もが乗り込もうとしたのだ。ファイギとチームが候補のひとりに考えたのはスコット・デリクソン[※10]だ。

デリクソンはこの仕事をなんとしても手に入れたかった。

「この仕事を手にするためにプレゼンに向けてあらゆるヴィジュアル映像を用意しなければならなかったから、ずいぶんお金がかかったよ」とスコット・デリクソンは言う。

「持ち出しもたくさんした。ストーリーボード[※11]を作らなければならなかったから、専門の制作者を雇った。映画の主要場面を12枚ほど書き上げて、イメージ画像も完成させて、僕のコンセプト・アートを作り上げた。それを持って90分のプレゼンに臨まなければならなかったから、すごくお金がかかったよ」

「スコット・デリクソンはコミックに描かれたことを再現しようとした。すぐにふたつの場面が頭に浮かぶ。ひとつはサンクタム[※12]の窓の向こうに砂漠と大洋と森が広がる場面。そしてもうひとつが手術室で展開するアストラル次元の戦いだ。このときストレンジは手術台に横たわっているが、デリクソンは『ドクター・ストレンジ』のコミックの『宣誓』(*THe Oath*)の場面をどこかで意識していると思う」とファイギは説明する。

この場面でストレンジはレイチェル・マクアダムス演じる恋人のクリスティーンに胸の手術を受けているが、彼の幽体が異次元で敵と戦う。

「すべて注ぎ込んだよ。この映画は絶対自分が監督したかったし、そのためにはほかの誰よりもこの仕事がしたいと思ってもらわなくちゃいけなかった」とスコット・デリクソンは言っている。

デリクソンはマーベルの基準にしたがってキャスティングを行い、主役のストレンジ役には、「アートシアター系映画で人気が高い」と称され、一心に尊敬を集めるベネディクト・カンバーバッチ[※13]を据えることにした。

エンシェント・ワンはコミックでは男性の老人の設定だが、映画では女優ティルダ・スウィントン[※14]に演じてもらうことにした。

『ドクター・ストレンジ』はMCUに多元宇宙（マルチバース）を持ち込んだだけでなく、コミックでは今ひとつ人気のなかったこの地味なキャラクターを、**強烈な個性を持つスーパーヒーローにして登場させた**のだ。ストーリーがよく練られていたこともあって、予算の4倍にあたる6億7700万ドルの興行収入をもたらした。

ふたたび人種とジェンダーの壁を破壊する

『ドクター・ストレンジ』の多元宇宙(マルチバース)の概念がその後のマーベル映画の新境地を切り拓く一方で、『キャプテン・マーベル』(2019)と『ブラックパンサー』(2018)は新たな別の可能性をもたらした。

『ブラックパンサー』はマーベル初の黒人のスーパーヒーロー映画ではない。すでにウェズリー・スナイプス主演で『ブレイド』シリーズの映画が3作品作られている。だが、『ブラックパンサー』は映画界に最大の衝撃を与えた。

この大ヒット映画は、**ほぼ全員アフリカン系アメリカン人のキャストとスタッフで制作されたの**だ。コミックを熱心に読んで育ったライアン・クーグラー[※15]は、マーベル史上最年少にして初のアフリカ系監督となった。

そのほかクーグラーと脚本を共同執筆したジョー・ロバート・コール[※16]も、エクゼクティブ・プロデューサーのネイト・ムーア[※17]も、プロダクション・ディレクターのハンナ・ビーチラー[※18]も、衣装担当のルース・E・カーター[※19]も、ヘア・メイクの責任者のカミル・フレンドも、ジュエリー担当のドリアン・フレッチャーも、重要なスタッフはみんなアフリカ系だった。

左からルピタ・ニョンゴ（ナキア）、故チャドウィック・ボーズマン（ブラックパンサー）、レティーシャ・ライト（シュリ）。若き才能が結集した。（写真：Everett Collection/アフロ）

だが特筆すべきは、『ブラックパンサー』は物語としてよくできていたし、マーベルは常にそれを目指しているということだ。

映画を観た人たちの反応はすばらしく、「ロッテン・トマト」では90パーセントの高評価を得た。当然の結果だ。

チャドウィック・ボーズマン[※20]演じるティ・チャラが治めるアフリカのワカンダの理想的な社会が描かれ、強力な女性キャラクターが脇を固める。深刻な問題もいくつか取り上げられ、キャラクターたちは社会的不公平に、孤独、革命、共感の3つをもって対処する。

全編にユーモアと悲哀が漂う本作は、最終的に13億ドルの興行収入を上げた。

ファイギは言う。

「ライアン・クーグラーが成し遂げたことも、映画を観た人たちの反応も、興行収入も、どれもわれわれの予想をはるかに上まわった。クーグラーがやってくれた。彼は本当にすばらしい映画監督で、本当に謙虚な男だ。自分が黒人として成長してきた、今も成長しているというほかでもない現実の問題に対して、映画を通じて答えを出したんだ。映画人が自分自身を、自分の問題を、今後の人生に対する見方を表現した最高の方法のひとつに挙げられると思う。それをすべてまとめあげたクーグラーはすごい人だ！　映画の反響もすさまじかった！『ブラックパンサー』に対する反響があまりにすごくて、マーベル・スタジオで二度も三度も腰を抜かしたよ。本当にびっくりしたし、これからもきっとそうだ」

驚いたことのひとつは、『ブラックパンサー』が**2019年のアカデミー賞作品賞にノミネートされた**ことだ。作品賞こそ取れなかったが、衣装デザイン賞、美術賞、作曲賞を受賞した。

『キャプテン・マーベル』[※21]はマーベル初の女性スーパーヒーロー映画となった。

主役には2015年の映画『ルーム』で第88回アカデミー賞主演女優賞を受賞したブリー・ラーソン[※22]を迎え、**制作スタッフも女性陣が固めた**。

まず監督はアンナ・ボーデン[※23]が務めた。ボーデンはマーベル初の女性監督として、ジェネヴァ・ロバートソン＝ドゥウォレット[※24]、ニコール・パールマン[※25]、メグ・レフォーヴ[※26]らとともに脚本も共同執筆した。プロデューサーもヴィクトリア・アロンソとパトリシア・ウィッチャー[※27]の女性ふたりで、音楽と衣装と美術の責任者も女性だった。

『キャプテン・マーベル』の撮影にあたり、ケヴィン・ファイギはマーベル映画における女性の役割について答えている。

「この仕事をはじめたときから、いわゆる『悩める乙女』はすでに過去のものと思っている」

これはスタン・リーが1961年にスーザン・ストームをファンタスティック・フォーのスーパーヒーローのひとりに据えたときに言った言葉（48ページ）を思い起こさせる。

「マーベルの映画を作るにあたって、そんな古い考えは捨てなければならないと思った。『キャプテン・アメリカ』のエージェント・カーターは女性進出がむずかしかった時代にアメリカ軍の非常に有能なリーダーとして活躍した。スーパーヒーローになれる強くてたくましい女性を生み出したかった」

ファイギはつづける。

「MCUは拡大をつづけて、女性ヒーローが活躍する場も明らかに増えている。現にブリー・ラーソンが数週間前に『キャプテン・マーベル』の撮影に入っている。エヴァンジェリン・リリー[※28]がワスプを演じた『アントマン&ワスプ』はこれから編集作業に入る。ライアン・クーグラーは『ブラックパンサー』のオコエ、ナキア、シュリの3人の重要な女性ヒーローを登場させた……。彼女たちはすでにファンの注目を集めているから、『彼女たちの映画はいつできる？シュリの映画はいつ観られる？』と聞かれることがよくある。そのたびに『僕が誰よりいちばん観たいよ』と答えるんだ。こんなふうに思ってもらえるのも、映画が成功して、彼女たちがいい仕事をしたからだ。女性ヒーローが映画で活躍するのをみんな待ち望んでいるよ」

キャプテン・マーベルの誕生物語も彼女の超人的パワーも映画ファンに受け入れられた。女性誌『グラマー』はキャプテン・マーベルを「新時代の女性ヒーロー」として、次のように記している。

「キャロル・ダンバース（キャプテン・マーベル）は地球人で、アメリカ軍のパイロットだ。わたしたちと同じように現実世界で夢を実現しようとし、葛藤を抱えている……ワンダーウーマンと違って、スーパースーツで肌もヒップもしっかり隠している」

『キャプテン・マーベル』は10億ドルを超える収入を上げた。この女性ヒーローはマーベル映画に欠かせない存在になった。

アベンジャーズ計画の締めくくり

フェーズ3は『アベンジャーズ／インフィニティ・ウォー』と『アベンジャーズ／エンドゲーム』

の2作でクライマックスを迎えることになった。

両作ともジョー・ルッソとアンソニー・ルッソ兄弟が監督を務め、過去19作のアベンジャーズに登場した**すべてのアベンジャーズのヒーローとスパイダーマンが集結し、全作を総括する**。そんな彼らの前に最強の敵サノスが立ちはだかる。サノスはすでに過去のアベンジャーズ映画でも存在を示していた。

ケヴィン・ファイギは言う。

「サノスはフェーズ1の『アベンジャーズ』にすでに名前が出てきている。ジョス・ウェドンがさりげなく脚本に書き込んでいたんだ。ジョスはしてやったりと思っているだろう。すべてはジョスがあそこに種を撒いたことからはじまったんだ」

サノスはフェーズ2の『アベンジャーズ／エイジ・オブ・ウルトロン』のポスト・クレジット・シーンと、同じくフェーズ2の『ガーディアンズ・オブ・ギャラクシー』にも出てくる。『ガーディアンズ・オブ・ギャラクシー』では、インフィニティ・ストーンを探していることが明かされる。[※29] これらが重要なエピソードとして「インフィニティ・サーガ」終結につながるのだ。

「『アイアンマン2』もそうだし、フェーズ1の全体の構造も、実はインフィニティ・ストーンからはじまったんだ」とファイギは述べる。ストーンの入った四次元キューブ[※30]「テッセラクト」はフェーズ1にもフェーズ2にも出てきた。それによってフェーズ1とフェーズ2の映画がつながり合う。2009年の時点ですべて計画していたわけじゃないけど、すでにそこからはじまっていたんだ。ずっと前からつながっているんだ」

ファイギはつづける。

「オリジナル・コミックにあるものから取っているものもある。コミックでも、四次元キューブをめぐってヨハン・シュミット／レッド・スカルとキャプテン・アメリカは激しい抗争を繰り広げる。『エイジ・オブ・ウルトロン』制作中、ロキのセプターにあったインフィニティ・ストーンがヴィジョンの額に埋め込まれることがコミックに描かれていることはみんな頭に置いていた。そのほかのストーンも……マクガフィン[※31]としてコミックに出てくる。だから映画制作者は、『ここにこのオーブが描かれているぞ』、『よし、そのオーブのなかにストーンをひとつ入れて、さらに大きなストーリーにしよう』といった指示を出すことになる」

『インフィニティ・ウォー』が2018年4月、『エンドゲーム』が2019年4月と両作は1年の期間を置いて公開されたが、制作は**ひとつの巨大プロジェクト**として進行した。

脚本はどちらも『シビル・ウォー／キャプテン・アメリカ』を含む「キャプテン・アメリカ」映画3本と、『マイティ・ソー／ダーク・ワールド』(2013)を担当したクリストファー・マルクス[※32]とスティーヴン・マクフィーリー[※33]のペアにふたたび依頼し、ふたりは2015年末から執筆にかかった。

『インフィニティ・ウォー』、『エンドゲーム』とも2016年の春から制作準備に入り、2017年の1月に撮影開始された。ポスト・プロダクションでは『インフィニティ・ウォー』で2900、『エンドゲーム』では3000以上の視覚効果が使われることになった。

撮影現場では一体何を作り上げようとしているのかわからなくなってしまうこともよくあるが、ロバート・ダウニー・ジュニアがここでもリーダーとしてほかの役者たちをサポートした。チャドウィック・ボーズマンはダウニーについて、こんなふうに言っている。

「ロバートがずっと現場を仕切ってくれたから、僕らは機械ではなく、人間を相手にしていると感じられたんだ」

サノス役のジョシュ・ブローリン[※34]は撮影現場について、こう話している。

「現場の結束力はすごいものだった。昔そうだったように、みんなで力をあわせてあらゆるものの特色を引き出し、社会的に意義があると思えるようなものを作り出そうとする。これができるから、マーベル映画は面白いものになるんだ。誰かがある映画集団にたまたま5億ドル寄付したところ、彼らはみんな希望に燃える若者たちだった。そんな感じじゃないかな。『このキャラクターがここでこれをやったらクールじゃないかな?』『よし、それをしてみよう』といったやりとりがいつも現場で交わされてるよ」

『エンドゲーム』公開前、ケヴィン・ファイギは述べている。

「スーパーヒーロー映画で誰も見たことがない結末を迎えることになる。『エンドゲーム』の前後ふたつの時期が描かれるんだ。誰も予想もしない結末になるよ」

アベンジャーズ映画の掉尾を飾る2本は記録破りとなった。

2018年4月に公開された『インフィニティ・ウォー』は全世界で20億ドル以上の興行収入を上げ、2019年4月公開の『エンドゲーム』は28億ドル近くの収益をもたらした。

マーベル映画21本(ソニーのために制作した『スパイダーマン:ホームカミング』と『スパイダーマン:ファー・フロム・ホーム』は除く)の総計は、驚くべきことに182億ドルにもなる。

「ハリー・ポッター」「ジェームズ・ボンド」「ロード・オブ・ザ・リング」などのシリーズの成績をはるかに上まわり、「スター・ウォーズ」のほぼ2倍となる、**映画史上もっとも高い興行収入を稼ぎ出したシリーズになった。**

ジョー・ルッソは言う。

「僕らは映画業界であらゆる人たちと長いこと仕事してきたけど、ケヴィン・ファイギみたいな面白い人は初めて見たし、ああいう人ではないと『アベンジャーズ』みたいなシリーズは作り上げられないよ。超有名俳優を使うのも彼らに出演料を払うのもすごく大変だったろうし、映画の質を落とさず、権利関係もすべて完璧に管理したんだから、すごい人だ。ケヴィンじゃなければできないことだった」

ＭＣＵの集大成となった『アベンジャーズ／エンドゲーム』の終盤ではすべてのヒーローが一堂に会し、世界中のファンを熱狂させた。（写真：Everett Collection/アフロ）

フェーズ４のその先へ

ケヴィン・ファイギと、ＭＣＵチームがフェーズ3を終結させてフェーズ４への準備を進めていたそのとき、親会社ディズニーがマーベルにとってさらに有利な状況を作り出してくれた。

ディズニー社ボブ・イーガー会長が**20世紀フォックス社の買収を発表したのだ。**

さらに映画配給を積極的にネット配信する戦略も打ち出された。ネットフリックスやアマゾン・プライムなどに対抗するために、ディズニープラス[※35]（Disney＋）を立ち上げて、ディズニーの魅力的なコンテンツを視聴者にネットで楽しんでもらおうというのだ。

「ディズニーと20世紀フォックスのたくさんの魅力的なコンテンツと強力な制作力をもってすれば、激しく変化しつづける今の時代の映画配信をリードできるはずです」

ディズニーは今後ディズニープラス向けにコンテンツを作っていく予定で、そのなかには『ザ・ファルコン・アンド・ザ・ウィンター・ソルジャー』『ワンダヴィジョン』『ロキ』『ホークアイ』『シーハルク』などが含まれると発表した。

一方で20世紀フォックス社に映画権を売り渡したキャラクターも取り戻そうとし、ディズニー社は２０１７年末に次のプレスリリースを出している。

「契約が締結され、『Ｘ－ＭＥＮ』『ファンタスティック・フォー』『デッドプール』がマーベルのファミリーに迎えられます。これによってスーパーヒーローたちが同じ映画で、あるいはそれぞれの映画でともに活躍する姿をみなさんにご覧いただけるでしょう」

「すべて一緒になれば、ほかの映画会社が所有権を保持しているものも含めて、全キャラクターを集合させることができる。それはとてもすごいことだし、ワクワクするよ」とファイギは言う。

『アベンジャーズ／エンドゲーム』公開まで1か月を切った２０１９年3月20日、ディズニー社は20世紀フォックス社を７１3億ドルで買収した。これによってマーベルはついに**スパイ**

ダーマンを除くすべてのキャラクターを取り戻した。

２０１９年7月の『スパイダーマン：ファー・フロム・ホーム』公開後、今度はソニーと友好的な契約を取り交わした。

ついにスパイダーマンを取り戻せるのか？　可能性はある。

だが、現実的にはソニーが別の映画会社もしくは同社の映画コンテンツを求めるアップルのような会社に買収されるかもしれない。ソニーと交わした契約には、そのようなことになれば、スパイダーマンの映画化権がマーベルに戻されると記されている。

そうなれば、スパイダーマンもついにマーベルに戻ってくる！

本書執筆中、ケヴィン・ファイギとマーベル・チームは今後5年間のＭＣＵ映画の予定を発表した。すでにこれらの映画の脚本執筆とキャスティングが進行中だ。

発表された情報によると、フェーズ4ではさらに多くの女性ヒーローが登場して、キャラクターの人種多様化も今まで以上にはかられるようだ。

以下の映画が予定されている。

『ブラック・ウィドウ』（スカーレット・ヨハンソン[※36]主演）

『ジ・エターナルズ』

『シャン・チー&ザ・レジェンド・オブ・ザ・テン・リングス』
『ドクター・ストレンジ・イン・ザ・マルチバース・オブ・マッドネス』
『マイティ・ソー　ラブ&サンダー』
『ブラックパンサー2』
『ブレイド』※37
『ガーディアンズ・オブ・ギャラクシー3』
『キャプテン・マーベル2』
『デッドプール3』

さらに、ファンタスティック・フォーとX－MENの新作も計画されている。

「『マーベル・スタジオはこうである』という定義をいつも変えようというか、広げようとしている。誰もまったく予想できない、これまでのパターンや公式や常識を壊すようなものを作ることで、多くのお客さんにこれからも映画館に足を運んでもらいたいんだ」とファイギは言う。

「マーベルはすでに22本映画を作ってきたけど、この22本とまったく違う映画をこれから20本撮る予定だ」

マーベル・スタジオがこの先どこに向かうか誰にもわからないが、さらなる創造力が発揮されることは間違いない。

ファイギとマーベル・チームは常に新たな監督を求め、すぐれた役者たちを何人も起用するだろう。視覚効果もこれまで以上に発展させて映画制作の革新をさらにはかるだろうし、親会社ディズニーの強力なサポートも得られる。

今の映画制作をつづければ、マーベルの可能性はどこまでも広がる。なんといっても、彼らはマーティン・グッドマン、スタン・リー、ジャック・カービー、スティーブ・ディッコほか多くの人たちが80年におよんで作り上げた**もっとも豊富で貴重なキャラクターとストーリーを財産として所有している**のだ。

ファイギは言っている。

「目に見える形でも見えない形でも、すべては『独創的なアイデアがたくさん詰まったニューヨークの1軒の家』からすべてがはじまったんだ」

※1　アンドリュー・ガーフィールド（1983～　）
カリフォルニア州ロサンゼルス出身。アメリカとイギリスの二重国籍保持者。舞台俳優としてキャリアをスタートさせる。2007年にはロバート・レッドフォード監督作『大いなる陰謀』で映画デビュー。2012年のマーク・ウェブ監督『アメイジング・スパイダーマン』では主人公ピーター・パーカーを演じた。2018年には舞台『エンジェルス・イン・アメリカ』で主演を務め、トニー賞演劇主演男優賞を受賞した。

※2　エイミー・パスカル（1958～　）
映画プロデューサー。1988年にコロンビア映画に入社し、2006年からソニー・ピクチャーズ・エンタテインメント共同会長、コロンビア・トライスター・モーション・ピクチャー・グループ会長を歴任。2015年ソニー退社後、制作会社パスカル・ピクチャーズを設立。自らプロデューサーとして映画作品に関わる。2019年にはユニバーサル・ピクチャーズとファーストルック契約を結び、30年間に及ぶソニーとの関係に幕を閉じた。

※3　タイカ・ワイティティ（1975～　）
ニュージーランドの映画監督、コメディアン。2010年の『BOY』でニュージーランド映画史上最高の興行収入を上げた。2017年には、マーベル・シネマティック・ユニバースのひとつである『マイティ・ソー　バトルロイヤル』を監督し、好評を得た。

※4　エゴ
エゴ・リビングプラネットのこと。ブラックギャラクシーと呼ばれる宇宙の一角に太古から君臨してきた大知性体。巨大な顔が表面に浮き上がった惑星の姿をしており、「会話」することも可能。生きる惑星であり、単独で空腹状態のギャラクタスと戦っても善戦できるほどの強大なパワーの持主。元は普通の惑星だったが、長い年月を経て、自我と精神、感覚を備えた知性体へと進化した。ソーに対しては「知性のある生命体を吸収した結果、自我と知性を得た」と語った。

※5　『デッドプール』
マーベル・コミックの同名キャラクターを元とした2016年2月公開のアメリカのスーパーヒーロー・コメディ映画。監督はティム・ミラーが務め、出演はライアン・レイノルズ。2004年にニュー・ライン・シネマで企画がは

じまったが同社は棚上げし、その後20世紀フォックスが興味を示し２００９年脚本作りを開始、２０１１年にミラーが監督として雇われた。ＭＣＵシリーズ初のＲ指定となった。

※6 ペイトン・リード（１９６４～　）
アメリカの映画およびテレビドラマの監督。ノースカロライナ州ローリーで生まれ、ノースカロライナ大学チャペルヒル校へ通った。コメディ映画が専門。２０１４年、降板したエドガー・ライトに代わって映画『アントマン』を監督として完成させた。

※7 ポール・ラッド（１９６９～　）
ニュージャージー州生まれ。ユダヤ系。カンザス大学卒業後、ロサンゼルスのアメリカン・アカデミー・オブ・ドラマティック・アーツでさらに演技を学んだ。１９９５年にアリシア・シルヴァーストーンの義兄役を演じた『クルーレス』で注目された。その後しばらくブロードウェイの舞台に立っていた。

※8 多元宇宙（マルチバース）
理論として可能性のある複数の宇宙の集合のこと。１８９５年にアメリカの哲学者ウィリアム・ジェームズによって造られた言葉。宇宙がひとつでないと考える理由（多元宇宙が存在する意味）は仮説によってさまざまである。サイエンス・フィクションとファンタジーにおいては並行宇宙、量子宇宙、並行世界などと呼ばれることもある。

※9 並行次元（パラレル・ディメンション）
ある世界（次元）から分岐し、それに並行して存在する別の世界（次元）を指す。並行世界、並行宇宙、パラレルワールドともいう。

※10 スコット・デリクソン（１９６６～　）
アメリカの映画監督、脚本家、映画プロデューサー。コロラド州デンヴァー出身。バイオラ大学を卒業後、南カリフォルニア大学で映画制作について学ぶ。２００８年、キアヌ・リーブス主演のＳＦ映画『地球が静止する日』を監督。２０１２年、イーサン・ホーク主演のホラー映画『フッテージ』を監督。２０１６年には、ベネディクト・カンバーバッチ主演のスーパーヒーロー映画『ドクター・ストレンジ』を監督した。

※11　ストーリーボード
ストーリーボード（絵コンテ）は、映画の撮影イメージを示すために主要な場面を簡単に絵にして並べて貼りつける。昔は紙のボードを使っていたが、今はコンピューター・プレゼンテーションを意識して適切なソフトを使って作る。

※12　サンクタム
多元宇宙から地球につながる入口で、ドクター・ストレンジと師匠エンシェント・ワンと仲間たちが守っている。ニューヨークのサンクタムは特にサンクタム・サンクトラムと呼ばれる。

※13　ベネディクト・カンバーバッチ（1976〜　）
15世紀のイングランド王リチャード3世の血縁にあるという名門の生まれ。舞台俳優として2012年度のローレンス・オリヴィエ賞主演男優賞を受賞。2016年に『ドクター・ストレンジ』に出演し、MCUの一員に加わった。

※14　ティルダ・スウィントン（1960〜　）
イギリスの女優。1983年にケンブリッジ大学を卒業（専攻は政治学と社会学）。大学卒業後、ロイヤル・シェークスピア・カンパニーで演劇を学ぶ。デレク・ジャーマンと知り合い、1986年に同監督作品の『カラヴァッジオ』で映画デビュー。以後、ジャーマン作品の常連となる。1991年公開の『エドワードⅡ』でヴェネツィア国際映画祭女優賞を受賞。2007年公開の『フィクサー』でアカデミー助演女優賞を受賞した。

※15　ライアン・クーグラー（1986〜　）
アメリカの映画監督、脚本家。フットボールのスポーツ特待生として、セント・メリーズ大学へ入学。南カリフォルニア大学へ再入学し、在学中は4本の短篇映画を撮る。2015年、ロッキーシリーズのスピンオフ『クリードチャンプを継ぐ男』が大ヒット。2018年、『ブラックパンサー』を監督。批評家から絶賛され、マーベル映画としては初のアカデミー作品賞を含む7部門ノミネートを受け、衣装デザイン賞、美術賞、作曲賞の3部門を受賞。

※16　ジョー・ロバート・コール（1980〜　）
アメリカの映画監督、脚本家。サンフランシスコに生まれる。マーベル・スタジオのプロデューサーのネイト・ムー

アにアプローチされ、『ブラックパンサー』（2018）の脚本を書くこととなった。コールはコンペティションのうちのひとりであったが、最終的に監督のライアン・クーグラーとの共同執筆が決まった。

※17 ネイト・ムーア（1979～ ）
UCLAで映画制作の仕組みを学び、2年生のときにコロンビア映画でインターンシップを開始、卒業後は開発部門のアシスタントとしてキャリアをスタートさせた。現在はマーベル・スタジオの映画部門で唯一のアフリカ系アメリカ人のプロデューサーである。『キャプテンアメリカ/ウィンターソルジャー』（2014）の共同プロデューサー、『キャプテンアメリカ：シビル・ウォー』（2016）、『ブラックパンサー』（2018）のエグゼクティブ・プロデューサーを務めた。

※18 ハンナ・ビーチラー（1970～）
アメリカのプロダクション・デザイナー。『ブラックパンサー』（2018）でアカデミー美術賞を受賞した。彼女は3000万ドルの予算を用い、数百人のスタッフを率いたという。このカテゴリーにノミネートされた最初のアフリカ系アメリカ人であった。

※19 ルース・E・カーター（1960～ ）
アメリカの映画衣裳デザイナー。ハンプトン大学卒業。主にスパイク・リー作品の衣装を手掛けている。1992年の『マルコムX』と1997年の『アミスタッド』でアカデミー衣裳デザイン賞にノミネートされ、2018年の『ブラックパンサー』で同賞を受賞した。

※20 チャドウィック・ボーズマン（1976～2020）
アメリカの俳優、劇作家、脚本家。ハワード大学へ進学と同時に、オックスフォード大学に留学して演技を学ぶ。デンゼル・ワシントンが交換留学費を提供した。2013年、『42 ～世界を変えた男～』のジャッキー・ロビンソン役で主演を務め、『ジェームス・ブラウン ～最高の魂（ソウル）を持つ男～』（2015）で話題を呼び、『ブラックパンサー』（2018）ではタイトルロールを演じてMCUの一員となる。2020年8月、大腸がんで死去。

※21 『キャプテン・マーベル』
2019年作品。マーベル・コミック『キャロル・ダンヴァース』（キャプテン・マーベル）の実写映画化作品。監督と脚本はアンナ・ボーデンとライアン・フレックが務め、またメグ・レフォーヴ、ニコール・パールマン、ジェネヴァ・ロバートソン＝ドゥウォレット、リズ・フラハイヴ、カーリー・メンチらが脚本に参加し、ブリー・ラーソンがタイトルロールを演じた。スタッフに女性が多いのが特徴。女性が単独主役のマーベル・コミック原作映画は過去に『レッドソニア』『エレクトラ』があるが、マーベル・スタジオ制作の単独映画やマーベル・シネマティック・ユニバースの映画としては初となった。

※22 ブリー・ラーソン（1989〜 ）
アメリカの女優、シンガーソングライター。2015年のレニー・エイブラハムソン監督の映画『ルーム』でアカデミー賞主演女優賞を受賞。『キャプテン・マーベル』（2019）でタイトルロールを演じた。

※23 アンナ・ボーデン（1979〜 ）
マーベル初の女性監督。ライアン・フレックと共同で『キャプテン・マーベル』（2019）の監督・脚本を務めた。ボストン出身。ニューヨークの名門コロンビア大学を経て、ニューヨーク大学の夏季授業で映画を学んでいたときにライアンと知り合い、実生活でもパートナーとなり、一児をもうけている。これまで映画『ハーフ・ネルソン』（2006）の制作と脚本を務めていた。

※24 ジェネヴァ・ロバートソン＝ドゥウォレット（1985〜 ）
アメリカの脚本家。2007年にハーバード・カレッジを卒業。2019年には脚本のひとりとして参加した『キャプテン・マーベル』が公開された。

※25 ニコール・パールマン（1981〜 ）
アメリカの脚本家。ユダヤ系。ニューヨーク大学で映画と演劇の脚本を学び、2003年に卒業。マーベル・シネマティック・ユニバースの『ガーディアンズ・オブ・ギャラクシー』（2014）の脚本、同じく『キャプテン・マーベル』（2019）の原案で知られる。

※26 メグ・レフォーヴ（1969〜　）
アメリカの映画プロデューサー、脚本家。シラキュース大学卒。ジョディ・フォスターの映画会社であるエッグ・ピクチャーズに就任し、プロデューサーとして映画界でのキャリアがはじまった。2015年に共同で脚本を書いたピクサーの映画『インサイド・ヘッド』によりアカデミー賞脚本賞にノミネートされた。ピクサーではほかに『アーロと少年』（2015）でも原案・脚本を務めた。2019年の『キャプテン・マーベル』では原案者のひとりとしてクレジットされている。

※27 パトリシア・ウィッチャー（1961〜　）
アメリカの映画プロデューサー。制作総指揮として以下の映画に関わっている。『キャプテン・マーベル』（2019）、『スパイダーマン：ホームカミング』（2017）、『シビル・ウォー／キャプテン・アメリカ』（2016）、『アベンジャーズ／エイジ・オブ・ウルトロン』（2015）、『GODZILLA　ゴジラ』（2014）、『アベンジャーズ』（2012）、『マイティ・ソー』（2011）。

※28 エヴァンジェリン・リリー（1979〜　）
カナダの女優。ブリティッシュコロンビア大学で国際関係論を学ぶ。フライト・アテンダント、モデルを経て女優となる。2004年、アメリカのドラマシリーズ『LOST』の準主役であるケイト役でブレイクした。2015年『アントマン』でホープ・ヴァン・ダインを演じてスターに。

※29 インフィニティ・ストーンを探していることが明かされる
『エイジ・オブ・ウルトロン』のポスト・クレジット・シーンではサノスがガントレットに手を入れる姿も見ることができる。さらにフェーズ3の『マイティ・ソー　バトルロイヤル』のポスト・クレジットには、ソーたちとアスガルドの民が乗る空母の前に、サノスのものと思われる巨大宇宙船が浮かび上がる。

※30 四次元キューブ
映画ではキャプテン・アメリカが探し求めたキューブに入っていたのはスペース・ストーンで、これはハワード・スタークが回収した。ロキのセプターにあって、ヴィジョンの額に埋め込まれるのはマインド・ストーン。

※31　マクガフィン
あるいはマガフィンは、映画や小説などで取り入れられる、一見大した意味がないと思われる仕掛け、設定、小道具のこと。だが、観ているものは必ず気を取られることになる。著者はほかの映画のマクガフィンの例として、『レイダース／失われたアーク《聖櫃》』（1981）の「聖櫃（アーク）」であり、『マルタの鷹』（1941）の鷹の彫像を挙げている。

※32　クリストファー・マルクス（1970～　）
アメリカの脚本家、プロデューサー。スティーヴン・マクフィーリーとコンビを組んで脚本を書いている。『キャプテン・アメリカ／ザ・ファースト・アベンジャー』（2011）、『マイティ・ソー／ダーク・ワールド』（2013）、『キャプテン・アメリカ／ウィンター・ソルジャー』（2014）、『シビル・ウォー／キャプテン・アメリカ』（2016）など。

※33　スティーヴン・マクフィーリー（1969～　）
アメリカの脚本家、プロデューサー。クリストファー・マルクスとコンビを組んで脚本を書いている。『キャプテン・アメリカ／ザ・ファースト・アベンジャー』（2011）、『マイティ・ソー／ダーク・ワールド』（2013）、『キャプテン・アメリカ／ウィンター・ソルジャー』（2014）、『シビル・ウォー／キャプテン・アメリカ』（2016）など。

※34　ジョシュ・ブローリン（1968～　）
父親は俳優のジェームズ・ブローリン。1985年に『グーニーズ』で映画デビュー。2007年にコーエン兄弟の『ノーカントリー』、2008年にはオリバー・ストーン監督の『ブッシュ』でジョージ・W・ブッシュを演じ、ガス・ヴァン・サントが手掛けるハーヴェイ・ミルクの伝記映画『ミルク』ではニューヨーク映画批評家協会賞助演男優賞を受賞した。

※35　ディズニープラス
日本で2020年6月11日にサービスが開始された。NTTドコモが配信していたディズニー・デラックスの会員はそのまま移行できるように配慮された。

※36 スカーレット・ヨハンソン（1984〜　）
ニューヨーク生まれだが国籍はデンマーク。父親は建築家。名前の由来は『風と共に去りぬ』のスカーレット・オハラ。幼少よりリー・ストラスバーグ演劇研究所に学び、1994年映画デビュー。2010年『橋からの眺め』でトニー賞演劇助演女優賞を受賞。同年エミリー・ブラントの代役として『アイアンマン2』にブラック・ウィドウ役で出演、2020年11月には単独作『ブラック・ウィドウ』が公開される予定だったが、2021年5月に順延となった（日本では4月29日公開予定）。イメージに反し演技派で、ウディ・アレン監督作の常連でもある。

※37 『ブレイド』
『ブレイド』は再映画化となる。『グリーンブック』（2018）でアカデミー賞助演男優賞を受賞し、『スパイダーマン：スパイダーバース』（2018）でアーロン・デイヴィスの声を演じたマハーシャラ・アリ（1974〜　）が主役を務める予定。

訳者あとがき

２０１８年４月に公開された『インフィニティ・ウォー』は全世界で20億ドル以上の興行収入を上げ、２０１９年４月公開の『エンドゲーム』は28億ドル近くの収益をもたらした。マーベル映画21本（ソニーのために制作した『スパイダーマン：ホームカミング』と『スパイダーマン：ファー・フロム・ホーム』は除く）の総計は、驚くべきことに１８２億ドルにもなる。「ハリー・ポッター」「ジェームズ・ボンド」「ロード・オブ・ザ・リング」などのシリーズの成績をはるかに上まわり、「スター・ウォーズ」のほぼ2倍となる、映画史上もっとも高い興行収入を稼ぎ出したシリーズになった（２３８ページ）。

マーベルとマーベル・シネマティック・ユニバース（ＭＣＵ）の快進撃はとどまることを知らない。

『アベンジャーズ／インフィニティ・ウォー』と『アベンジャーズ／エンドゲーム』は記録破りの収益を上げ（『エンドゲーム』の興行収入は『アバター』［２００９］を抜いて、世界歴代1位となった）、マーベルとアベンジャーズの関連グッズは世界中に広がり、日本でもＭＡＲＶＥＬのロゴの入ったグッズがあふれ、ハロウィーンやコミコンではスパイダーマンやアイアンマンなど、マーベルのヒーローのコスチュームを着た人たちを何人も目にする。

もはやマーベルは親会社ディズニーと並んで世界中の人たちがもっとも愛するブランドに成長した。

だが、このマーベルにも苦しい時代はあった。

1939年にコミック出版社として創業したが、その後コミックの不振に苦しみ、自社の所有財産であるスーパーヒーローを映画界に売り込もうとするものの思うようにいかない。

歴代の経営者のなかにはマーベルとマーベルのコミックの魅力をまるで理解しようとせず、人気キャラクターの映画化権を映画制作会社に売り渡したり（ご存知の通り、スパイダーマンをはじめ、今も解決していない問題が残されている）、会社そのものを売り飛ばしたりして私腹を肥やそうとした者もいる。

こんなことが繰り返され、マーベルには1996年に一度倒産に追い込まれている。

本書『MARVEL倒産から逆転No.1となった映画会社の知られざる秘密』には、マーベルが困難な時代を乗り越えて地球でもっとも成功した企業のひとつにのぼりつめるまでの歴史が、実にコンパクトに、実にわかりやすく記されている。

ただ、本書はマーベルの苦闘の歴史を追うものではない。


歴史と伝統があり、価値ある財産を抱えた企業が、いかにして地球最大規模の収益を

上げられる企業に変革できたか？

この問題を綿密な取材を通して分析し、成功例として**マーベルのビジネス・モデルを示してくれる**のだ。

著者がマーベルの苦闘の歴史を通じて伝えたいことは3つあると思う。

1・企業はいかに収益を増やし、手に入れるか？

マーベルは魅力なコミックのコンテンツとキャラクターを備えているが、時代の変化とともにコミックや関連グッズの売上だけで社を支えることがむずかしくなった。そこで考えなければならなかったのは、マーベルのキャラクターをフィーチャーした映画を自社で制作、配給することだ。

会社の本業というべきビジネスが時代にあわなくなったとき、どう対処したらいいか？場合によっては企業としての大きな方向転換も含めて、新たな収益方法を考え出し、勝負をかけなければならない。本書はそのことを教えてくれる。

2・創造性と売上のバランスをいかに取るべきか？

マーベルではライターとアーティストが自由な創造性を発揮して魅力的なキャラクターとストーリーを作り出し、コミックの売上を伸ばしてきた。だが、経営者にとって何より大事なのは「売上」だ。会社の存続を考えるうえでは、社員の創造力を伸ばしつつ、社員を大事に育てなければならない。だが、安定した売上が期待できなければ、それは実現できない。

経営者と社員はこのバランスをいかに取るべきか？

これは今の時代のどのメーカー、サービス会社にも共通することだ。社員一人ひとりの創造性や個性を伸ばしつつ、会社の売上にどう結びつけるか？　本書はマーベルのビジネス・モデルを通じてこのことも考えさせてくれる。

3・長年顧客に愛されてきた商品の持ち味を失わず、常に新鮮味あふれるものにするにはどうすればよい？

マーベルははるか昔からマーベルのスーパーヒーローに親しんでいるコミック・ファンを数多く抱えている。この人たちの思い入れを壊すことがあってはならない。コミックのよさを伝える映画作りが必要だ。だが、マーベルのキャラクターを知らない人たちも惹きつける魅力的なものにもしなければならない。

歴史のある企業は自社の昔の商品やサービスを贔屓（ひいき）にしてくれる顧客の期待を裏切ってはならない。ただ、会社の未来を考えれば、これまで作ってきたものだけに頼っているわけにもいかない。新しい顧客を取り込む新商品、新サービスの開発が必要だ。本書は特にアベンジャーズの最近の映画を例にして、この問題を考えるヒントを与えてくれる。

ディズニーの強力な後押しを得たマーベルは、今では、ＧＡＦＡ（ＧＯＯＧＬＥ、ＡＰＰＬＥ、

FACEBOOK、AMAZON）と並ぶ地球最大の巨大企業のひとつだ。本書はこの世界有数の有力企業マーベルのビジネス・モデルをいち早く論じる貴重な1冊だ。

なお、著者チャーリー・ウェッツェルとステファニー・ウェッツェルは、訳者のオンライン・インタビューに応えてくれて、本書に収録できなかった問題にも答えてくれる予定だ。訳者・上杉隼人のブログ「GetUpEnglish」からアクセスできる。ぜひご覧いただきたい。

https://blog.goo.ne.jp/getupenglish/e/3a55b55bb3bdd5c7ed4054a851a3c6cc

本書刊行にあたって、多くの方のお世話になった。訳者がマーベルとアベンジャーズ関連の書籍を数多く訳しているということで、おそらくわが国初のマーベルのビジネス・モデルを論じる本書の翻訳者に抜擢してくれたすばる舎の徳留慶太郎社長と田中智子編集長に、心より感謝申し上げる。

同編集部の吉本竜太郎さんには、何から何までお世話になった。翻訳を後押ししてくださり、訳稿整理や組版などの膨大な作業を、強い熱意で進めてくださった吉本さんに、最大限の感謝を表する。原文と訳稿を念入りに突き合わせてチェックしてくださった翻訳者の石﨑彩子さんと、校正刷りを確認して貴重なコメントもいくつも賜ったのみならず、膨大な注（これは原書にはない日本語版オリジナルだ）の執筆も手伝ってくださったフリー編集者の上原昌弘さんにも、厚く御礼申し上げる。アベンジャーズの大ファンとして常に応援してくれているすばる舎営業部の歌川祐毅さんにも感謝したい。

新型コロナウイルス感染拡大により、フェーズ4の第1作『ブラック・ウィドウ』を含めて、マーベル・シネマティック・ユニバースの映画の公開も遅れることになった。だが、『アベンジャーズ／エンドゲーム』でアベンジャーズがアッセンブルしたあの場面に、多くの読者のみなさんも胸を熱くしたことだろう。

マーベルもアベンジャーズも、そして本書も教えてくれるが、個人一人ひとりが持てる力を最大限発揮し、ひとつのチームとして努力することで、最終的な勝利が得られる。

本書でマーベルのビジネス戦略を学んだみなさんが、ふたたびみなさんの所属チームにアッセンブルし、ほかのメンバーと力をあわせて大きな目標を達成していただけますことを、訳者もマーベル、アベンジャーズ大ファンのひとりとしてお祈りしています。

2020年8月15日

上杉　隼人

how-howard-the-duck-changed-hollywood. • "Howard the Duck (1986)," IMDb Pro, accessed July 26, 2019, https://pro.imdb.com/title/tt0091225?rf=cons_tt_atf&ref_=cons_tt_atf. • "Why Do the Avengers Fear this Man?" *The Telegraph*, April 29,2015, https://www.telegraph.co.uk/culture/film/film-news/11560174/isaac-ike-perlmutter-marvel-owner.html. • Fant v. Perelman, et al, 97cv08435, case number CV-97-TMP-1895-6, filed July 24, 1997, securities.stanford.edu, http://securities.stanford.edu/filings-documents/1004/MRV97/001.html

Chapter 4

• Brooks Barnes, "With Fan at the Helm, Marvel Safely Steers Its Heroes to the Screen," *New York Times*, July 24, 2011, https://www.nytimes.com/2011/07/25/business/media/marvel-with-a-fan-at-the-helm-steers-its-heroes-to-the-screen.html?pagewanted=all. • Kervyn Cloete, "The Marvel Cinematic Universe Exists Because of Hugh Jackman's Hair," Critical Hit Entertainment, posted November 30, 2017, https://www.criticalhit.net/entertainment/marvel-cinematic-universe-exists-hugh-jackmans-hair. • Ben Fritz, *The Big Picture: The Fight for the Future of Movies* (Boston: Houghton Mifflin Harcourt, 2018), 45. • Matthew Garrahan, "Kevin Feige: The Movie Nut," *Financial Times*, October 31, 2014. • Howe Sean Howe, "Avengers Assemble! How Marvel Went from Hollywood Also-ran to Mastermind of a $1 Billion Franchise," Slate, September 28, 2012, https://slate.com/business/2012/09/marvel-comics-and-the-movies-the-business-story-behind-the-avengers.html. • Kelly Konda, "How the MCU Was Made: Lauren Shuler Donner Lets Kevin Feige Sit In," We Minored in Film, April 23, 2019, https://weminoredinfilm.com/2019/04/23/how-the-mcu-was-made-lauren-shuler-donner-lets-kevin-feige-sit-in. • Devin Leonard, "Calling All Superheroes," *Fortune*, May 23, 2007, https://archive.fortune.com/magazines/fortune/fortune_archive/2007/05/28/100034246/index.htm. • Kim Masters, "Marvel Studios' Origin Secrets Revealed by Mysterious Founder: History was Rewritten," *Hollywood Reporter*, May 5, 2016, https://www.hollywoodreporter.com/features/marvel-studios-origin-secrets-revealed-889795. • Joanna Robinson, "Marvel Looks Back at Iron Man—the Movie That Started It All," *Vanity Fair*, November 29, 2017, https://www.vanityfair.com/hollywood/2017/11/marvel-looks-back-at-iron-man-the-movie-that-started-it-all. • Joanna Robinson, "The Woman Behind the X-Men Reveals How the Mutants Got Their Groove Back," *Vanity Fair*, March 3, 2017, https://www.vanityfair.com/hollywood/2017/03/logan-legion-deadpool-x-men-renaissance-lauren-shuler-donner-interview. • James Whitbrook, "The Complete History of Marvel Superhero Movies: 1990-2008, io9, March 17, 2015, https://io9.gizmodo.com/the-complete-history-of-marvel-superhero-movies-1990-2-1691891718. • "Blade (1998)," IMDb Pro, accessed September 3, 2019, https://pro.imdb.com/title/tt0120611?rf=cons_tt_atf&ref_=cons_tt_atf. • "Box Office History for Spider-Man Movies," The Numbers, accessed September 6, 2019, https://m.the-numbers.com/movies/franchise/Spider-Man. • "Iron Man (2008)," IMDb Pro, accessed May 30, 2019, https://pro.imdb.com/title/tt0371746/details. • "Kevin Feige—Cover Story," Producers Guild, December 13, 2016, https://www.producersguild.org/blogpost/1537650/264535/Kevin-Feige--Cover-Story. • "Spider-Man (2002)," IMDb Pro, accessed September 5, 2019, https://pro.imdb.com/title/tt0145487/details. • "Tomb of Dracula (1972) #10," Marvel.com, accessed September 4, 2019, https://www.marvel.com/comics/issue/11832/tomb_of_dracula_1972_10. • "X-Men (2000)," IMDb Pro, accessed September 4, 2019, https://pro.imdb.com/title/tt0120903/details.

Chapter 5

• Adam Chitwood, "How the MCU Was Made: 'The Incredible Hulk," Collider, April 22, 2019, http://collider.com/incredible-hulk-production-problems-explained/. • Edward Douglas, "Exclusive: An In-Depth Iron Man Talk with Jon Favreau," SuperHeroHype, April 29, 2008, https://www.superherohype.com/features/96427-exclusive-an-in-depth-iron-man-talk-with-jon-favreau. • Edward Douglas, "Exclusive: Marvel Studios Production Head Kevin Feige," SuperHeroHype, April 26, 2010, https://www.superherohype.com/features/100681-exclusive-marvel-studios-production-head-kevin-feige. • Devin Faraci, "The Marvel Creative Committee is Over," Birth. Movies. Death, September 2, 2015, https://birthmoviesdeath.com/2015/09/02/the-marvel-creative-committee-is-over. • Meares Joel Meares, "Kevin Feige's Oral History of the Marvel Cinematic Universe," Rotten Tomatoes, April 23, 2018, https://editorial.rottentomatoes.com/article/kevin-feiges-oral-history-of-the-marvel-cinematic-universe. • Scott Rabb, "May God Bless and Keep Robert Downey Jr." Esquire, February 21, 2007, https://www.esquire.com/news-politics/a2074/esq0307downeyjr. • Ashley Rodriguez, "Iron Man Went from a B-hero to Marvel's Movie Star Because He had the Best Toys," Quartz, May 3, 1018, https://qz.com/1267000/iron-man-launched-the-marvel-cinematic-universe-because-he-had-the-best-toys. • "Avi Arad Leaving Marvel to Be Independent Producer," ICV2, posted May 31, 2006, https://icv2.com/articles/comics/view/8770/avi-arad-leaving-marvel. • "Iron Man Production Notes," from original Paramount Pictures's Iron Man website (ironmanmovie.com), reposted by Sci-FiJapan, April 30, 2008, http://www.scifijapan.com/articles/2008/04/30/iron-man-production-notes. • "Jon Favreau," IMDb Pro, accessed September 10, 2019, https://pro.imdb.com/name/nm0269463?rf=cons_nm_contact&ref_=cons_nm_contact. • "Marvel Cinematic Universe Movies & TV Shows," Rotten Tomatoes, accessed September 12, 2019, https://www.rottentomatoes.com/franchise/marvel_cinematic_universe.

参考文献／URL一覧

Chapter 1

• Mark Alexander, *Lee and Kirby: The Wonder Years* (Raleigh, NC: Two Morrows, 2011), 11. • Batchelor, Bob Batchelor, *Stan Lee: The Man Behind Marvel* (Lanham, MD: Roman and Littlefield, 2017), 23. • Blake Bell and Michael J. Vassallo, *The Secret History of Marvel Comics* (Seattle: Fantagraphics Books, 2013), 12. • Anthony Breznican, "The Face of Marvel," *Stan Lee: A Life of Marvel* (New York: Time Inc. Books, 2018), 52. • Les Daniels, *Marvel: Five Fabulous Decades of the World's Greatest Comics* (New York: Abrams, 1993), 17. • Richard Harrington, "Stan Lee: Caught in Spidey's Web," the *Washington Post*, February 4, 1992, https://www.washingtonpost.com/archive/lifestyle/1992/02/04/stan-lee-caught-in-spideys-web/9e7bf42e-4287-4f9c-9fa1-a5f73fb2ee7e/?utm_term=.91f7df980142. • Stan Lee and George Mair, *Excelsior*, (New York: Simon & Schuster, 2002), 25. • John Locke, "The Rise and Fall of Pulps," The Pulp Magazines Project, accessed June 21, 2019, https://www.pulpmags.org/contexts/graphs/rise-and-fall-of-pulps.html. • Kevin Melrose, "Marvel's Character Library: 7,000 Strong ...and Growing?" CBR.com, March 4, 2010, https://www.cbr.com/marvels-character-library-7000-strong-and-growing. • Louis Menand, "Pulp's Big Moment," *New Yorker*, December 29, 2014, https://www.newyorker.com/magazine/2015/01/05/pulps-big-moment. • Alex Pappademas, "The Inquisition of Mr. Marvel," Grantland, May 11, 2012, http://grantland.com/features/the-surprisingly-complicated-legacy-marvel-comics-legend-stan-lee. • Matt Patches, "History: Batman and Superman—Partners, Fighters, Bed Sharers," Vulture, July 26, 2013, https://www.vulture.com/2013/07/history-batman-and-superman-through-the-years.html. • Adam Pockross, "10 Most Valuable Marvel Comic Books," Screen Rant, November, 5, 2015, https://screenrant.com/most-valuable-marvel-superhero-comic-books/. • David Saunders, "Louis H. Silberkleit," Field Guide to Wild American Pulp Artists, posted in 2016, https://www.pulpartists.com/Goodman.html. • David Saunders, "Martin Goodman," Field Guide to Wild American Pulp Artists, posted in 2016, https://www.pulpartists.com/Goodman.html. • Arthur Meier Schlesinger, *The Rise of the City: 1878-1898* (NewYork: Macmillan, 1933), 185. • Brian Truitt, "Copy of 'Action Comics' No. 1 Sells for $3.21 Million," USA Today, August 24, 2014, https://www.usatoday.com/story/life/2014/08/24/action-comics-no-1-most-expensive-comic-book/14545215. • "Characters," DC Database, accessed July 9, 2019, https://dc.fandom.com/wiki/Category:Characters. • "Characters," Marvel Database, accessed July 9, 2019, https://marvel.fandom.com/wiki/Category:Characters.

Chapter 2

• Bob Chipman, "The Best (and Worst) Marvel Cartoons of the 60s and 70s," The Escapist, August 20, 2014, https://v1.escapistmagazine.com/articles/view/moviesandtv/columns/marveltv/12135-Marvel-Cartoons-of-the-60s-and-70s. • Sean Howe, *Marvel Comics*: The Untold Story (New York: Harper Perennial, 2012), 92. • IMDb Pro, compiled box office figures for *Spider-Man, Spider-Man 2, Spider-Man 3, The Amazing Spider-Man, The Amazing Spider-Man 2, Spider-Man: Homecoming, Spider-Man: Far from Home, and Spider-Man: Into the Spider-Verse.* • Cefn Ridout (ed.), *Marvel Year by Year: A Visual History* (New York: DK, 2017), 78. • "Marvel Entertainment Group, Inc. History," Funding Universe, accessed July 25, 2019, http://www.fundinguniverse.com/company-histories/marvel-entertainment-group-inc-history/.

Chapter 3

• Geoff Boucher, "Avi Arad: From 'Blade' to 'Morbius,' Three Decades of Mining Marvel," Deadline, March 20, 2019, https://deadline.com/2019/03/avi-arad-marvel-blade-spider-man-morbius-toys-1202576569. • Adam Bryant, "Pow! The Punches that Left Marvel Reeling," *New York Times*, May 24, 1998. • Delugach Al Delugach, "Jilting Paretti, New World Sells Out to Perelman for $145 Million," *Los Angeles Times*, April 11, 1989, https://www.latimes.com/archives/la-xpm-1989-04-11-fi-1676-story.html. • Matthew Garrahan, "Man in the News: Ike Perlmutter, *Financial Times*, September 4, 2009, https://www.ft.com/content/4080d0de-997f-11de-ab8c-00144feabdc0#axzz1wkuFZPBa. • April Dougal Gasbarre, "Toy Biz, Inc.," International Director of Company Histories, accessed July 29, 2019, https://www.encyclopedia.com/books/politics-and-business-magazines/toy-biz-inc. • Nancy Hass, "Investing It; Marvel Superheroes Take Aim at Hollywood, *New York Times*, July 28, 1996, https://www.nytimes.com/1996/07/28/business/investing-it-marvel-superheroes-take-aim-at-hollywood.html?searchResultPosition=1. • Jonathan P. Hicks, "The Media Business; Marvel Comic Book Unit Being Sold for $82.5 Million," *New York Times*, November 8, 1988, https://www.nytimes.com/1988/11/08/business/the-media-business-marvel-comic-book-unit-being-sold-for-82.5-million.html. • Michael A. Hiltzik, "Studio Rights to Spider-Man Are Untangled," *Los Angeles Times*, March 2, 1999, https://www.latimes.com/archives/la-xpm-1999-mar-02-fi-13115-story.html. • Robert Ito, "Fantastic Faux," *Los Angeles Magazine*, March 2005,106-111, 218-19, https://books.google.co.jp/books?id=SF8EAAAAMBAJ&pg=PA109&dq=percent22selling+the+characterpercent27s+option+to+Universal+percent22&hl=en&sa=X&ei=FJbjUPe3KMy70AHlwoDAAw&redir_esc=y#v=onepage&q=percent22selling%20percent20the%20percent20character's%20percent20option%20percent20to%20percent20Universal%20percent22&f=false. • Rob Kelly, "Reel Retro Cinema: 1944s Captain America Serial,"13th Dimension, accessed July 17, 2019, https://13thdimension.com/reel-retro-cinema-1944s-captain-america-serial/. • Lambie Ryan Lambie, "How Marvel Went from Bankruptcy to Billions," DenofGeek.com, April 17, 2018, https://www.denofgeek.com/us/books-comics/marvel/243710/how-marvel-went-from-bankruptcy-to-billions. • David Leonhart, "What Evil Lurks in the Heart of Ron?" Business Week, January 22, 1996, • Raviv Dan Raviv, *Comic Wars* (New York: Broadway Books, 2002), 41. • "5 Spider-Man Movies that Almost Happened," Warped Factor, August 22, 2019, http://www.warpedfactor.com/2016/05/5-spider-man-movies-that-almost-happened.html. • "Fabulous Flop: How Howard the Duck Changed Hollywood," Portable Press (blog), August 5, 2013, https://www.portablepress.com/blog/2013/08/fabulous-floptt0800369/details. • "Toy Story 3 (2010)," IMDb Pro, accessed September 17, 2019, https://pro.imdb.com/title/tt0435761/details. • "Up (2009)," IMDb Pro, accessed September 17, 2019, https://pro.imdb.com/title/tt1049413/details. • "Wall-E (2008)," IMDb Pro, accessed September 17, 2019, https://pro.imdb.com/title/tt0910970/details.

Chapter 7

• Kirsten Acuna, "19 Photos that Show how 'Avengers: Infinity War' Looks Without Visual Effects," Insider, April 16, 2019, https://www.insider.com/avengers-infinity-war-without-special-effects-2018-8. • Gavia Baker-Whitelaw, et al, "Your complete guide to the Marvel Cinematic Universe," The Daily Dot, July, 2019, https://www.dailydot.com/parsec/mcu-movies-order-marvel-cinematic-universe-timeline/. • Anthony Breznican, "Will the Marvel Cinematic Universe ever ...end?" *Entertainment Weekly*, April 15, 2016, https://ew.com/article/2016/04/15/will-marvel-cinematic-universe-ever-end/. • Ryan Faughnder, "Inside the deal that brought Sony's 'Spider-Man' back to Marvel's cinematic universe," *Los Angeles Times*, June 26, 2017, https://www.webcitation.org/6w3HBw0VI?url=http://www.latimes.com/business/hollywood/la-fi-ct-sony-marvel-spider-man-20170626-story.html. Archived from the original on December 28, 2017, retrieved September 12, 2019, http://www.latimes.com/business/hollywood/la-fi-ct-sony-marvel-spider-man-20170626-story.html. • Taryn Finley, "Here Are the Black People Behind the Scenes who Made 'Black Panther' a Reality," Huffpost, February 15, 2018, https://www.huffpost.com/entry/here-are-the-black-people-behind-the-scenes-who-made-black-panther-a-reality_n_5a80de55e4b08dfc9305611c. • Spencer Harrison, Arne Carlsen, and Hiha Škerlavaj, "Marvel's Blockbuster Machine," *Harvard Business Review*, July–August 2019, https://hbr.org/2019/07/marvels-blockbuster-machine. • Mark Hughes, "How the Marvel-Sony 'Spider-Man' Dispute Will Be Solved One Way or Another [Updated]," *Forbes*, August 21,2019, https://www.forbes.com/sites/markhughes/2019/08/21/how-the-marvel-sony-spider-man-dispute-will-be-solved-one-way-or-another/#43dcf8f46b50. • Meg James, "Disney Says Fox Purchase to be Final by March 20," *Los Angeles Times*, March 12, 2019, https://www.latimes.com/business/hollywood/la-fi-ct-disney-fox-deal-march-20-20190312-story.html. • Graeme McMillan, "Avengers 4' Runtime is Currently 3 Hours," *Hollywood Reporter*, November 8, 2018, https://www.hollywoodreporter.com/heat-vision/avengers-4-runtime-is-3-hours-making-it-longest-marvel-movie-ever-1159618. • Mojica Nicholas Mojica, "Marvel and Fox Traded 'Guardians of the Galaxy 2' and 'Deadpool' Characters," International Business Times, November 16, 2016, https://www.ibtimes.com/marvel-fox-traded-guardians-galaxy-2-deadpool-characters-2447099. • Josh Rottenberg, "What Disney's Acquisition of Fox Could Mean for Marvel's Superheroes," *Los Angeles Times*, March 8, 2019, https://www.latimes.com/entertainment/movies/la-et-mn-disney-fox-merger-marvel-superheroes-kevin-feige-20190308-story.html. • Yasmin Vought, "Why Doctor Strange Almost Cost Scott Derrickson Everything," Yahoo! Lifestyle, October 18, 2016, https://au.lifestyle.yahoo.com/scott-derrickson-spent-an-obscene-amount-money-to-land-doctor-strange-32935226.html. • Whitten Sarah Whitten, "Disney Bought Marvel for $4 billion in 2009, a Decade Later It's Made More than $18 billion at the Global Box Office, CNBC, July 21, 2019, https://www.cnbc.com/2019/07/21/disney-has-made-more-than-18-billion-from-marvel-films-since-2012.html. • Jennifer M. Wood, "10 Highest-Grossing Movie Franchises of All Time," Mental Floss, March 18, 2019, http://mentalfloss.com/article/70920/10-highest-grossing-movie-franchises-all-time. • Rachel Yang, "Sony 'Disappointed' Marvel Boss Kevin Feige Won't Be Part of Next Spider-Man Movie," *Entertainment Weekly*, August 21, 2019, https://ew.com/movies/2019/08/21/sony-disappointed-marvel-boss-kevin-feige-wont-be-part-future-spider-man-movies. • "The Amazing Spider-Man 2 (2014)," IMDb Pro, accessed October 2, 2019, https://pro.imdb.com/title/tt1872181?rf=cons_tt_atf&ref_=cons_tt_atf. • "Black Panther," Rotten Tomatoes, accessed September 18, 2019, https://www.rottentomatoes.com/m/black_panther_2018. • "Captain Marvel (2019)," IMDb Pro, accessed September 20, 2019, https://pro.imdb.com/title/tt4154664/filmmakers. • "Disney and 21st Century Fox Announce per Share Value in Connection with $71 Billion Acquisition," The Walt Disney Company, March 19, 2019, https://www.thewaltdisneycompany.com/disney-and-21st-century-fox-announce-per-share-value-in-connection-with-71-billion-acquisition. • "Marvel Studios," IMDb Pro, accessed September 20, 2019, https://pro.imdb.com/company/co0051941/?ref_=tt_co_prod_co. • "The Walt Disney Company To Acquire Twenty-First Century Fox, Inc., After Spinoff Of Certain Businesses, For $52.4 Billion In Stock," The Walt Disney Company, December 14, 2017, https://www.thewaltdisneycompany.com/walt-disney-company-acquire-twenty-first-century-fox-inc-spinoff-certain-businesses-52-4-billion-stock-2/.

参考文献／URL一覧

Chapter 6

• Ethan Alter, "How 'Thor' Opened Up the MCU: Kenneth Branagh on Hiring Chris Hemsworth, Going to Space, and the Terror of Fabio," Yahoo Finance, May 17, 2019, https://finance.yahoo.com/news/thor-chris-hemsworth-kenneth-branagh-tom-hiddleston-160246757.html. • Brooks Barnes and Michael Cieply, "Disney Swoops into Action, Buying Marvel for $4 Billion," *New York Times*, August 31, 2009, https://www.nytimes.com/2009/09/01/business/media/01disney.html. • Matt Donnelly, "How Gwyneth Paltrow was recruited for 'The Avengers," *Los Angeles Times*, April 17, 2012, http://www.latimes.com/entertainment/gossip/la-et-mg-gwyneth-paltrow-avengers,0,311022.story. Archived from the original on June 23, 2012, retrieved September 13, 2019, https://www.webcitation.org/68duJTU9q?url=http://www.latimes.com/entertainment/gossip/la-et-mg-gwyneth-paltrow-avengers,0,311022.story. • Matt Donnelly, "Meet the Executive Avengers Who Help Kevin Feige Make Marvel Magic," *Variety*, April 17, 2019, https://variety.com/2019/film/features/victoria-alonso-louis-desposito-marvel-studios-kevin-feige-avengers-1203189857. • Haleigh Foutch, "The Russo Brothers on What It Takes to Land a Marvel Directing Gig," Collider, April 30, 2016, http://collider.com/russo-brothers-captain-america-civil-war-interview/. • Eric Goldman, "The Winder Soldier: Has America Changed Too Much for Captain America?" IGN, posted March 6, 2014, https://www.ign.com/articles/2014/03/06/the-winter-soldier-has-america-changed-too-much-for-captain-america?page=4. • Mark Graham, "Marvel Rolls Dice, Casts No-names for Thor," Vulture, May 19, 2009, https://www.vulture.com/2009/05/marvel_rolls_dice_casts_no-nam.html. • Marc Graser, "Why Par, not Disney, gets 'Avengers' credit," *Variety*, October 11, 2011, http://www.variety.com/article/VR1118044282, archived from the original on October 12, 2011, https://www.webcitation.org/62NajSZYC?url=http://www.variety.com/article/VR1118044282, Retrieved September 13, 2019. • Scott Huver, "Feige & Latcham Say 'Infinity War' Leads to the End of the Avengers -- As We Know Them," Comic Book Resources, September 30, 2015, https://www.cbr.com/feige-latcham-say-infinity-war-leads-to-the-end-of-the-avengers-as-we-know-them/. • Borys Kit and Kim Masters, "Marvel's Civil War: Why Kevin Feige Demanded Emancipation From CEO Ike Perlmutter," The Hollywood Reporter, September 3, 2015, https://www.hollywoodreporter.com/heat-vision/marvels-civil-war-why-kevin-820147. • Nicole LaPorte, "The Marvel Studios Mind-Set For Making Hit After Hit," Fast Company, March/April 2018, https://www.fastcompany.com/40525480/the-marvel-studios-mind-set-for-making-hit-after-hit. • Nicole Laporte, "What You Need to Know About Marvel Entertainment's Mysterious Chairman—and Why Disney is Keeping Quiet," Fast Company, December 3, 2018, https://www.fastcompany.com/90273744/why-is-disney-mum-about-its-shadowy-marvel-entertainment-chairman. • Chris Lee, "Thor: It's Hammer Time for Kenneth Branagh," *Newsweek*, May 1, 2011, https://www.newsweek.com/thor-its-hammer-time-kenneth-branagh-67665. • Gus Lubin, "Joss Whedon Was Brutally Honest When He Saw The Original 'Avengers' Script," Business Insider, July 18, 2014, http://www.businessinsider.in/Joss-Whedon-Was-Brutally-Honest-When-He-Saw-The-Original-Avengers-Script/articleshow/38612600.cms. • *Marvel Studios: The First Ten Years* (London: Titan Publishing,2018), 6. • Kim Masters and Matthew Belloni, "Marvel Shake-Up: Film Chief Kevin Feige Breaks Free of CEO Ike Perlmutter (Exclusive)," The Hollywood Reporter, August 31, 2015, https://www.hollywoodreporter.com/news/marvel-shake-up-film-chief-819205. • Pamela McClintock, "Move for Marvel Rights" *Variety*, October 18, 2010, https://www.webcitation.org/5zxBn7VD8?url=http://www.variety.com/article/VR1118025864.html?categoryId=13&cs=1. • Jim McLauchlin, "Disney's $4 Billion Marvel Buy." • Patches Matt Patches and Ian Failes, "The Battle of New York: An 'Avengers' Oral History," Thrillist. April 23, 2018, https://www.thrillist.com/entertainment/nation/the-avengers-battle-of-new-york-joss-whedon. • Joanna Robinson, "Secrets of the Marvel Universe," *Vanity Fair*, November 27, 2017, https://www.vanityfair.com/hollywood/2017/11/marvel-cover-story. • Peter Sciretta, "Kevin Feige on How a Marvel Movie Like 'Doctor Strange' Is Developed, & Why Time Travel Won't Ruin the MCU," /film, November 4th, 2016, https://www.slashfilm.com/marvel-development-process/. • Peter Sciretta, "Watch: All of Your Marvel Phase 3 Questions Answered by Marvel Head Kevin Feige," (interview transcript), /Film, October 28, 2014, https://www.slashfilm.com/marvel-phase-3-kevin-feige/. • Peter Travers, "*The Avengers*," Rolling Stone, April 30, 2012, https://www.rollingstone.com/movies/movie-reviews/the-avengers-118986/. • Adam B. Vary, "What's at Stake for Thor, Captain America, and The 'Avengers' Franchise," BuzzFeed News, October 28, 2014, https://www.buzzfeednews.com/article/adambvary/thor-captain-america-avengers-age-of-ultron-set-visit. • Adam B. Vary, "Jon Favreau talks 'Iron Man," *Entertainment Weekly*, May 5, 2008, https://ew.com/article/2008/05/05/jon-favreau-talks-iron-man/. • Jim Vejvoda, "Marvel Studios Boss Kevin Feige Talks Captain America: The Winder Soldier Spoilers and What's in Store for the Marvel Cinematic Universe," IGN, April 7, 2014, https://www.ign.com/articles/2014/04/07/marvel-studios-boss-kevin-feige-talks-captain-america-the-winter-soldier-spoilers-and-whats-in-store-for-the-marvel-cinematic-universe. • Mike Vilensky, "Mark Ruffalo on 'Actually' Playing the Hulk in The Avengers," *New York*, September 24, 2010, http://nymag.com/daily/entertainment/2010/09/mark_ruffalo_on_actually_playi.html. • Matt Wood, "How Has Marvel's Elimination of the Creative Committee Changed the MCU?" Cinema Blend, accessed September 13, 2019, https://www.cinemablend.com/news/2317962/how-has-marvels-elimination-of-the-creative-committee-changed-the-mcu. • "The Avengers (2012)," IMDb Pro, accessed September 17, 2019, https://pro.imdb.com/title/tt0848228/?ref_=instant_tt_1&q=the%20percent20avengers. • "The Avengers' Smashes Domestic Box Office Record for Opening Weekend," CNN, May 7, 2012, https://www.cnn.com/2012/05/06/showbiz/avengers-breaks-record/index.html. • "Captain America: The First Avenger (2011)," IMDb Pro, accessed September 17, 2019, https://pro.imdb.com/title/tt0458339/?ref_=recent_view_7. • "Disney Completes Marvel Acquisition," The Walt Disney Company, December 31, 2009, https://www.thewaltdisneycompany.com/disney-completes-marvel-acquisition. • "Iron Man 2 (2010)," IMDb Pro, accessed September 17, 2019, https://pro.imdb.com/title/tt1228705/details. • "Joss Whedon," IMDb Pro, accessed September 17, 2019, https://pro.imdb.com/name/nm0923736?rf=cons_nm_contact&ref_=cons_nm_contact. • "Kevin Feige on Upcoming Marvel Studios Films," SuperHeroHype, posted January 26, 2010, https://www.superherohype.com/features/100085-kevin-feige-on-upcoming-marvel-studios-films. • "Thor (2011)," IMDb Pro, accessed September 17, 2019, https://pro.imdb.com/title/

〈著者略歴〉

チャーリー・ウェッツェル（Charlie Wetzel）

ビジネス書作家。ニューオーリンズ大学卒業、同大学院修了（専攻は英語）。調理師、教師、大学職員、車の販売員など様々な仕事を経験したのち、30代半ばで執筆活動に専念し、リーダーシップ関連のベストセラー作家として知られるジョン・C・マクスウェルとの共著（執筆協力）を含めて、現在に至るまで100冊以上の著作を刊行。主な著書に『ザ・スパンクス・ストーリー　サラ・ブレイクリーが築き上げた数十億ドルの帝国とその途方もない成功の背後にあるもの』、『成熟した信仰　今まで以上に大きな人生を自由に思い描いてみる』などがある。

ステファニー・ウェッツェル（Stephanie Wetzel）

ビジネス書作家。チャーリー・ウェッツェルの担当編集者を長く務めたあと、チャーリーと結婚、現在は夫と共同で執筆活動を進める。

〈訳者略歴〉

上杉 隼人（うえすぎ・はやと）

翻訳者（英日、日英）、編集者、英文ライター・インタビュアー、英語・翻訳講師。早稲田大学教育学部英語英文学科卒業、同専攻科（現在の大学院の前身）修了。『アベンジャーズ　エンドゲーム』『アベンジャーズ　インフィニティ・ウォー』『スパイダーマン　ファー・フロム・ホーム』（いずれも講談社）ほか、マーベル、アベンジャーズ、ディズニー関連の書籍を多数翻訳。訳書に『スター・ウォーズ』（全作〔エピソードⅠ～Ⅸ〕、講談社）、『若い読者のための宗教史』『若い読者のためのアメリカ史』『ビジネスデータサイエンスの教科書』『21匹のネコがさっくり教えるアート史』（いずれもすばる舎）、『ザ・ギャンブラー ハリウッドとラスベガスを作った伝説の大富豪』（ダイヤモンド社）、『最後のダ・ヴィンチの真実　510億円の「傑作」に群がった欲望』（集英社インターナショナル）ほか多数（70冊以上）。

THE MARVEL STUDIOS STORY

by Charlie Wetzel & Stephanie Wetzel

MARVEL 倒産から逆転 No.1 となった映画会社の知られざる秘密

2020 年　9 月 26 日　第 1 刷発行
2020 年　11 月　6 日　第 2 刷発行

著　者　チャーリー・ウェッツェル　ステファニー・ウェッツェル
訳　者　上杉 隼人
発行者　徳留 慶太郎
発行所　株式会社すばる舎
〒 170-0013　東京都豊島区東池袋 3-9-7 東池袋織本ビル
TEL　03-3981-8651（代表）　03-3981-0767（営業部）
振替　00140-7-116563
URL　http://www.subarusya.jp/

Subarusya

装　丁　井上 新八
本文デザイン　米川 恵
編集担当　吉本 竜太郎
印　刷　株式会社光邦

落丁・乱丁本はお取り替えいたします

ISBN978-4-7991-0927-4